Kai-Ingo Voigt, Matthias Fischer

Genossenschaftsbanken im Umbruch

Kai-Ingo Voigt, Matthias Fischer

Genossenschafts-banken im Umbruch

Einfluss der Finanzmarktregulierung auf das Geschäftsmodell der Kreditgenossenschaften

ISBN 978-3-11-061260-8
e-ISBN (PDF) 978-3-11-049039-8
e-ISBN (EPUB) 978-3-11-048769-5

Library of Congress Cataloging-in-Publication Data
A CIP catalog record for this book has been applied for at the Library of Congress.

Bibliografische Information der Deutschen Nationalbibliothek
Die Deutsche Nationalbibliothek verzeichnet diese Publikation in der Deutschen Nationalbibliografie; detaillierte bibliografische Daten sind im Internet über http://dnb.dnb.de abrufbar.

Dieser Band ist text- und seitenidentisch mit der 2016 erschienenen gebundenen Ausgabe.
Einbandabbildung: Mixdabass/iStock/Thinkstock
Satz: Konvertus, Haarlem
Druck und Bindung: CPI books GmbH, Leck

♾ Gedruckt auf säurefreiem Papier

Printed in Germany
www.degruyter.com

Vorwort

Eine Finanzmarktregulierung betrifft alle Akteure. Die verschärften Vorschriften sollen die Banken und Finanzmärkte stabiler für mögliche zukünftige Krisen aufstellen.

Vordergründig sind vor allem die Kreditinstitute von den internationalen und nationalen Implementierungsvorgaben betroffen. Die Regulierung hat aber nicht nur Folgen für die Geschäftsmodelle von Privatbanken, sondern auch für die Geschäftsmodelle der Sparkassen und Kreditgenossenschaften. Mittelbar ändern sich durch die Regulierungsvorschriften auch der Umfang und die Art der Bankdienstleistungen für die Unternehmen und die Verbraucher. Unter Umständen kann eine Regulierungsvorschrift zur Verknappung oder Verteuerung des Kreditangebots für kleine und mittlere Unternehmen oder zum Rückzug beispielsweise von der Anlageberatung für Privatkunden führen. Schon aufgrund der höheren Kosten durch die Regulierung kann auch eine Restrukturierung des Geschäftsmodells der Bank notwendig werden.

Die Untersuchung der Auswirkungen der Finanzmarktregulierung auf das Geschäftsmodell der Genossenschaftsbanken ist Gegenstand dieses Buches. Hiermit soll ein Beitrag zur Diskussion möglicher Strategien von Genossenschaftsbanken zur Bewältigung der Herausforderungen der zunehmenden Regulierung geliefert werden. Die Ergebnisse von insgesamt vier empirischen Untersuchungen erlauben einerseits Einsichten in die Praxis der Regulierungsimplementierung bei Genossenschaftsbanken, andererseits werden wertvolle Handlungsempfehlungen für die zukünftige Sicherung des Geschäftsmodells gegeben.

Zielgruppen dieser Publikation sind Führungskräfte sowie Fachexperten in Banken, die sich mit der Implementierung der Regulierung beschäftigen und die Auswirkungen auf die Geschäftsmodelle berücksichtigen müssen.

Unser Dank gilt zunächst der Ludwig-Erhard-Forschungsgesellschaft für Kooperative Wirtschaft für die finanzielle Unterstützung dieses Forschungsvorhabens. Ebenso danken wir den zahlreichen Führungskräften von Genossenschaftsbanken, die unsere Untersuchung mit umfangreichen Daten unterstützt und persönlich in Workshops zur systematischen Bearbeitung der Forschungsthematik beigetragen haben.

Bedanken möchten wir uns insbesondere bei unseren wissenschaftlichen Mitarbeitern Tanja Jovanović, Christian Arnold und Dominik Wagner für die gewissenhafte Unterstützung bei der Durchführung der einzelnen Untersuchungen und die wertvolle Mithilfe bei der Fertigstellung dieser Publikation.

Wir wünschen uns, dass die vorliegende Veröffentlichung einen Beitrag für eine konstruktive Diskussion über die Folgen der Finanzmarktregulierung für Genossenschaftsbanken leistet. Die Autoren hoffen, mit dieser Studie auch Anregungen für erforderliche Anpassungsmaßnahmen im Geschäftsmodell von Genossenschaftsbanken geben zu können. Über Anmerkungen und Kritik zu dieser Publikation freuen wir uns.

Prof. Dr. Matthias Fischer
Finanzen und Bank
Co-Leitung Kompetenzzentrum Finanzen
Technische Hochschule Nürnberg
Georg Simon Ohm

Prof. Dr. Kai-Ingo Voigt
Vorsitzender des Forschungsinstituts für
Genossenschaftswesen an der
Friedrich-Alexander-Universität
Erlangen-Nürnberg

Inhalt

Abbildungsverzeichnis

Tabellenverzeichnis

Abkürzungsverzeichnis

BaFin	Bundesanstalt für Finanzdienstleistungsaufsicht
BCG	Boston Consulting Group
BIP	Bruttoinlandsprodukt
BMF	Bundesministerium der Finanzen
BMJV	Bundesministerium der Justiz und für Verbraucherschutz
BMWi	Bundesministerium für Wirtschaft und Energie
BP	Basispunkt
BVMW	Bundesverband Mittelständische Wirtschaft
BVR	Bundesverband der Deutschen Volksbanken und Raiffeisenbanken
CET1	Common Equity Tier 1
CoCo Bond	Contingent Convertible Bond
COREP	Common Reporting Framework
CRD IV	Capital Requirements Directive IV
CRR	Capital Requirements Regulation
DG HYP	Deutsche Genossenschafts-Hypothekenbank AG
DGRV	Deutscher Genossenschafts- und Raiffeisenverband e. V.
DSGV	Deutsche Sparkassen- und Giroverband
DZ-Bank	Deutsche Zentral-Genossenschaftsbank
EBA	European Banking Authority
EBT	Earnings Before Tax
EDV	Elektronische Datenverarbeitung
eG	eingetragene Genossenschaft
EK	Eigenkapital
EMIR	European Market Infrastructure Regulation
EU	Europäische Union
FINREP	Financial Reporting Framework
GuV	Gewinn- und Verlustrechnung
GVB	Genossenschaftsverband Bayern
GWG	Geringwertiges Wirtschaftsgut
HGB	Handelsgesetzbuch
HQLA	High Quality Liquid Asset
ICA	International Co-operative Alliance
IFRS	International Financial Reporting Standards
IT	Informationstechnologie
KMU	Kleine und Mittlere Unternehmen
KWG	Kreditwesengesetz
LR	Leverage Ratio
LCR	Liquidity Coverage Ratio
MaRisk	Mindestanforderungen an das Risikomanagement
MaSan	Mindestanforderungen an die Ausgestaltung von Sanierungsplänen
MCR	Minimum Capital Requirement
MiFiD II	Markets in Financial Instruments Directive II
Mio	Million
NSFR	Net Stable Funding Ratio
o.A.	ohne Autor
o.J.	ohne Jahr
p.a.	per annum

PSD	Payment Services Directive
ROE	Return on Equity
RWA	Risk Weighted Asset
RWGV	Rheinisch-Westfälischer Genossenschaftsverband
SPSS	Statistical Package for the Social Sciences
USP	Unique Selling Proposition
VaR	Value at Risk
VLZ	Vertragslaufzeit
VR-Banken	Volks- und Raiffeisenbanken
WACC	Weighted Average Cost of Capital
WGZ Bank	Westdeutsche Genossenschafts-Zentralbank
ZÄR	Zinsänderungsrisiko

1 Einleitung

1.1 Problemstellung

Die Genossenschaften in Deutschland haben eindrucksvoll gezeigt, wie wichtig sie für das wirtschaftliche und soziale Leben in Deutschland sind.

DGRV, 2013

Das vorangestellte Zitat des Deutschen Genossenschafts- und Raiffeisenverbandes (DGRV) verdeutlicht die besondere gesellschaftliche Bedeutung der Genossenschaften im Allgemeinen. So findet sich diese Unternehmensform seit über 150 Jahren in allen Bereichen des täglichen Lebens wieder, z. B. in den Bereichen Wohnungsbau, Energieversorgung, Finanzwesen sowie Kultur. Insbesondere im Finanzwesen konnten Genossenschaften in der jüngeren Vergangenheit ihre unumstrittene Bedeutung unter Beweis stellen, indem sie sich in den Turbulenzen an den Finanzmärkten als besonders krisenresistent herausgestellt haben. Trotz dieser Erfolgsgeschichte sehen sich Genossenschaftsbanken dennoch zahlreichen Herausforderungen in Bezug auf ihre zukünftige Entwicklung gegenübergestellt.

Besonders relevante Herausforderungen sind hierbei die Digitalisierung sämtlicher Lebensbereiche, insbesondere im Hinblick auf die Generation der „Digital Natives", der Eintritt neuer Wettbewerber wie sogenannte Fintechs, die sich auf eine Nische konzentrierende IT-Start-Ups darstellen, der demografische Wandel und damit verbundene Schwierigkeiten in der Gewinnung junger Kunden und neuer Mitglieder, das historisch niedrige Zinsniveau sowie die in immer mehr Lebensbereiche vordringende Globalisierung und damit verbundene Erhöhung des Wettbewerbs durch den Einstieg ausländischer Direktbanken.[1]

Neben diesen Herausforderungen erweisen sich vor allen Dingen die Folgen der Finanzmarktkrise 2008 als eine hochaktuelle Problematik für den gesamten Finanzmarkt sowie insbesondere für Kreditgenossenschaften.[2]

Zum einen kam es zu kurzfristigen Handlungen, z.B. zur Verstaatlichung von verschiedenen Kreditinstituten.[3] Zum anderen resultierte die Finanzkrise in langfristigen Folgen für das gesamte Finanzsystem. Die Regulierungsvorgaben für Finanzmärkte[4] wurden von Finanzinstituten der Europäischen Union bereits teilweise umgesetzt. Die verschärfte Regulierung soll der langfristigen Stabilisierung des Finanzsektors dienen und helfen, zukünftige Krisen zu vermeiden. Die neuen Regulierungen umfassen

1 GVB, 2015; Jonietz, Penzel, Peters, 2015; Stappel, 2013

2 Claessens, Dell'Ariccia, Igan, Laeven, 2010; de Haas, van Lelyveld, 2011; Flannery, Kwan, Nimalendran, 2010

3 Laeven, Valencia, 2012

4 Claessens et al., 2010; Hombach, Schmidt, 2011

DOI 10.1515/9783110487589-001

insbesondere die Überwachung von Banken, die Anforderungen an das regulatorische Eigenkapital, die Liquiditätsvorschriften und das Leverage Ratio. Davon betroffen sind alle Kreditinstitute, unabhängig von deren Größe oder Geschäftsmodell. Die Konsequenz daraus ist, dass sich nicht nur große Institute den veränderten Bedingungen anpassen müssen, sondern auch kleinere Institute wie die traditionellen deutschen genossenschaftlichen Kreditinstitute.

Der Einfluss von Finanzmarktregulierungen auf genossenschaftliche Kreditinstitute erfährt auch in der wissenschaftlichen Literatur zunehmende Beachtung und dient entsprechend als Untersuchungsgegenstand mehrerer Publikationen. Pleister kommt zu dem Ergebnis, dass Geschäftsmodelle von Genossenschaftsbanken im Allgemeinen von europaweiten Regulierungen beeinflusst werden, jedoch das Ausmaß des Einflusses noch untersucht werden muss.[5] Domikowski, Heese und Pfingsten analysieren den Einfluss der Regulierungen auf deutsche Genossenschaftsbanken,[6] gehen aber nicht auf die möglichen Auswirkungen auf deren Geschäftsmodell ein. Schätzle beleuchtet in seiner quantitativen Untersuchung die Auswirkungen von Basel III,[7] lässt dabei aber die Gesamtbetrachtung des genossenschaftlichen Geschäftsmodells unberücksichtigt. Eine aktuelle Studie im Auftrag des Bundesverbandes der Deutschen Volksbanken und Raiffeisenbanken (BVR) untersucht die Auswirkungen der Regulatorik auf deutsche Genossenschaftsbanken.[8] Diese Arbeit legt den Fokus auf Kostenaspekte und weniger auf die Betrachtung des Geschäftsmodells.

Die genannten Untersuchungen zeigen, dass das Thema „Auswirkungen der Regulierung auf die genossenschaftlichen Kreditinstitute“ auch von wissenschaftlicher Seite eine hohe Relevanz besitzt. Allerdings sind bislang nur vereinzelte Aspekte der Banken bzw. einzelner regulatorischer Vorgaben betrachtet worden. Eine Analyse in Bezug auf das Geschäftsmodell von Kreditgenossenschaften in vollem Umfang ist bisher unterblieben. Genau an dieser Stelle setzt das hier vorliegende Werk an.

1.2 Zielsetzung und Forschungsfrage

Die aufgezeigte hochaktuelle Relevanz sowie die bestehende Forschungslücke verdeutlichen, dass zweifelsohne ein Bedarf hinsichtlich der Überprüfung und Beurteilung der bestehenden Geschäftsmodelle von genossenschaftlichen Kreditinstituten hinsichtlich der Auswirkungen der Finanzmarktregulierung gegeben ist.

---

5 Pleister, 2007

6 Domikowski, Heese, Pfingsten, 2012

7 Schätzle, 2014

8 Hackethal, Inderst, 2015

Um eine Gesamtbetrachtung überhaupt erst möglich zu machen, soll das bestehende Geschäftsmodell von Genossenschaftsbanken in all seinen Facetten untersucht werden. Dazu ist es notwendig, jene Regulierungen zu identifizieren, die gerade für Kreditgenossenschaften eine besondere Relevanz besitzen. Des Weiteren ist vor dem Hintergrund der zunehmenden Regulierungen eine systematische Bewertung der Auswirkungen notwendig, um die Zukunft von genossenschaftlichen Kreditinstituten in Deutschland bewerten zu können. Darüber hinaus hat das vorliegende Werk das Ziel, mittels einer Szenarioberechnung die Auswirkungen der Eigenkapitalunterlegungspflicht für das Zinsänderungsrisiko im Anlagebuch zu untersuchen, um potentielle Folgen für die Kreditvergabe abzuschätzen. Zu guter Letzt werden diverse Studien betrachtet, die die Auswirkungen der Regulatorik auf die Rentabilität des Geschäftsmodells untersuchen. Alle diese Untersuchungen sollen also folgende Forschungsfrage beantworten:

Wie beeinflusst die Finanzmarktregulierung das Geschäftsmodell von etablierten genossenschaftlichen Kreditinstituten?

Abschließend sollen die Kernergebnisse der Untersuchung thesenartig zusammengefasst sowie klare Handlungsempfehlungen für die zukünftige Auseinandersetzung mit der Regulierung und der Sicherung des nachhaltigen Erfolgs der genossenschaftlichen Kreditinstitute gegeben werden.

1.3 Vorgehen der Untersuchung

Die vorliegende Arbeit gliedert sich in sieben Abschnitte, die sich jeweils mit einem separaten Untersuchungsgegenstand befassen. Im folgenden Kapitel 2 werden die theoretischen Grundlagen zu deutschen Kreditgenossenschaften sowie zu dem Konzept des Geschäftsmodells vermittelt. Die anschließenden Kapitel 3 und 4 folgen einem Zwei-Stufen-Ansatz nach dem Prinzip der Triangulation. Zunächst stellt das Kapitel 3 die Ergebnisse einer qualitativen, empirischen Studie hinsichtlich des Geschäftsmodells der Kreditgenossenschaften vor. Darauf folgend werden in Kapitel 4 die Ergebnisse einer quantitativen Untersuchung bezüglich der Auswirkungen der Finanzmarktregulierung auf das besagte Geschäftsmodell präsentiert sowie strategische Implikationen für die Entscheidungsträger der Banken vorgestellt. In Kapitel 5 folgt eine umfangreiche Szenariobetrachtung zum Zinsänderungsrisiko, bevor Kapitel 6 eine Analyse der existierenden Literatur zur Auswirkung der Regulierung auf die Rentabilität von Genossenschaftsbanken präsentiert. Im abschließenden Kapitel 7 wird in Thesen formuliert, welche Herausforderungen die Genossenschaftsbanken bewältigen müssen und es werden konkrete Handlungsempfehlungen zur nachhaltigen Sicherung der Profitabilität des Geschäftsmodells gegeben. Die nachstehende Abbildung 1.1 illustriert die Struktur des vorliegenden Werkes.

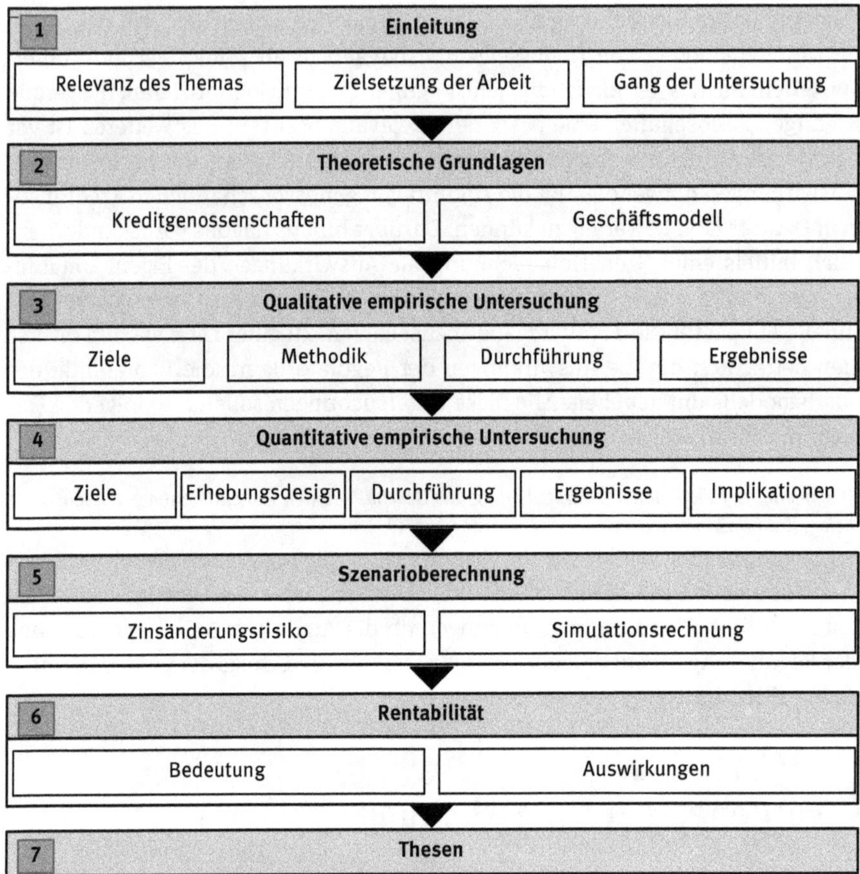

Abbildung 1.1: Aufbau der vorliegenden Arbeit[9]

9 Eigene Darstellung

2 Theoretische Grundlagen

2.1 Genossenschaftliche Kreditinstitute in Deutschland

2.1.1 Die genossenschaftliche Rechtsform

Die Rechtsform der eingetragenen Genossenschaft (eG) ist eine der ältesten der Welt – bereits 1889 wurde sie in der deutschen Gesetzgebung verankert. So beschreibt §1 des Genossenschaftsgesetzes das Wesen einer Genossenschaft wie folgt:

> *Gesellschaften von nicht geschlossener Mitgliederzahl, deren Zweck darauf gerichtet ist, den Erwerb oder die Wirtschaft ihrer Mitglieder oder deren soziale oder kulturelle Belange durch gemeinschaftlichen Geschäftsbetrieb zu fördern (Genossenschaften), erwerben die Rechte einer ‚eingetragenen Genossenschaft' nach Maßgabe dieses Gesetzes.*

Trotz der Verwurzelung in Deutschland ist das Wesen eines Genossenschaftsverbundes auch international anerkannt. Die International Co-operative Alliance legt folgende Definition fest:

> *Autonomous association of persons united voluntary to meet their common economic, social, and cultural needs and aspirations through a jointly-owned and democratically-controlled enterprise.*[1]

Diesen beiden Definitionen folgend, lässt sich eine Genossenschaft als Zusammenschluss einzelner Personen für die Erfüllung gemeinsamer Ziele in einer demokratischen Unternehmung bestimmen.

Genossenschaften folgen im Allgemeinen einigen spezifischen Merkmalen. Zu diesen Wesensmerkmalen zählen neben dem Förderauftrag der Genossenschaft für ihre Mitglieder die drei Prinzipien Selbsthilfe, Selbstverantwortung und Selbstverwaltung sowie das Identitätsprinzip.[2] All diese Prinzipien werden im Folgenden genauer beschrieben.

Förderzweck: Das absolute Wesensprinzip einer Genossenschaft ist der Förderauftrag. Dieser besagt, dass der gemeinsame Betrieb dazu beitragen soll, wirtschaftliche, kulturelle und soziale Belange jedes einzelnen Mitglieds der Genossenschaft zu unterstützen. Hierzu zählt neben der materiellen Förderung auch die Förderung ideeller Mitgliederbelange. Dieser Zweck begründet sich in der ursprünglichen Idee einer Genossenschaft – dem Zusammenschluss einzelner Personen zur Verbesserung von in Not geratenen Bauern und Handwerkern.[3]

---

1 ICA, 2011

2 Peemöller, 2005; Ringle, 2007

3 Beuthien, Dierkes, Wehrheim, 2008; DGRV, 2015

DOI 10.1515/9783110487589-002

Selbsthilfe: In einem genossenschaftlichen Geschäftsbetrieb soll ein gemeinsames Ziel aller Mitglieder verfolgt werden, welches für den Einzelnen im Rahmen seiner Tätigkeiten und Möglichkeiten nicht realisierbar ist.[4]

Selbstverantwortung: Jedes Mitglied ist mit einer finanziellen Einlage in der Genossenschaft beteiligt. Dadurch sind die Mitglieder für die wirtschaftlichen Erfolge des gemeinschaftlichen Unternehmens verantwortlich und haften zugleich für das entstehende unternehmerische Risiko aus dem Geschäftsbetrieb.[5]

Selbstverwaltung: Das Prinzip der Selbstverwaltung drückt sich im Wesentlichen in der Selbstorganschaft der Genossenschaft sowie der Mitgliederversammlung aus, welche Beschlüsse für die Vorstandsaufgaben festlegt.[6]

Identitätsprinzip: Ein Merkmal, welches die Genossenschaft insbesondere von allen anderen kooperativen Unternehmungen unterscheidet, ist die Identität der Mitglieder – diese sind zugleich Eigentümer als auch Kunden ihrer Genossenschaft.[7]

Es existieren verschiedene Arten von Genossenschaften, welche sich nach Ihrem Geschäftsfeld unterscheiden lassen, beispielsweise Wohnungsgenossenschaften, Konsumgenossenschaften oder Kreditgenossenschaften.

2.1.2 Kreditgenossenschaften in Deutschland

Kreditgenossenschaften bzw. genossenschaftliche Kreditinstitute erfassen dabei das genossenschaftlich organisierte Bankwesen. Dieses bildet eine der drei Säulen des deutschen Bankensystems. Das sogenannte Drei-Säulen-Modell wird neben den Kreditgenossenschaften von privaten Geschäftsbanken und öffentlich-rechtlichen Kreditinstituten gebildet, wie Abbildung 2.1 veranschaulicht.

Die drei genannten Bankgruppen sind allesamt als Universalbanken tätig. Sie charakterisieren sich durch eine universale Kundenstruktur und ein breites Angebot an Bankgeschäften ohne Einschränkungen. Neben den Universalbanken existieren noch Spezialbanken, die auf einen bestimmten Bereich fokussiert sind. Hierunter fallen Bausparkassen, Realkreditinstitute und Banken mit Sonderaufgaben.[8]

Die strikte Trennung der verschiedenen Bankarten ist für den deutschen Bankensektor charakteristisch. In keinem anderen europäischen Land ist der Wettbewerb zwischen den drei Bankensektoren ausgeprägter als in Deutschland.

Privatbanken verfolgen das Ziel der Gewinnmaximierung, sodass hier ein finanzielles Interesse im Vordergrund steht. Der Fokus in den Geschäften liegt auf

---

4 Beuthien et al., 2008
5 Hofinger, 2014
6 Hofinger, 2014
7 Ringle, 2007
8 Engerer. Schrooten, 2004; Plakitkina, 2005; von Stein, 1998

ertragsstarken Geschäftsfeldern des Individualkundengeschäfts. Zu dieser Bankengruppe zählen u.a. die Deutsche Bank und die Commerzbank.

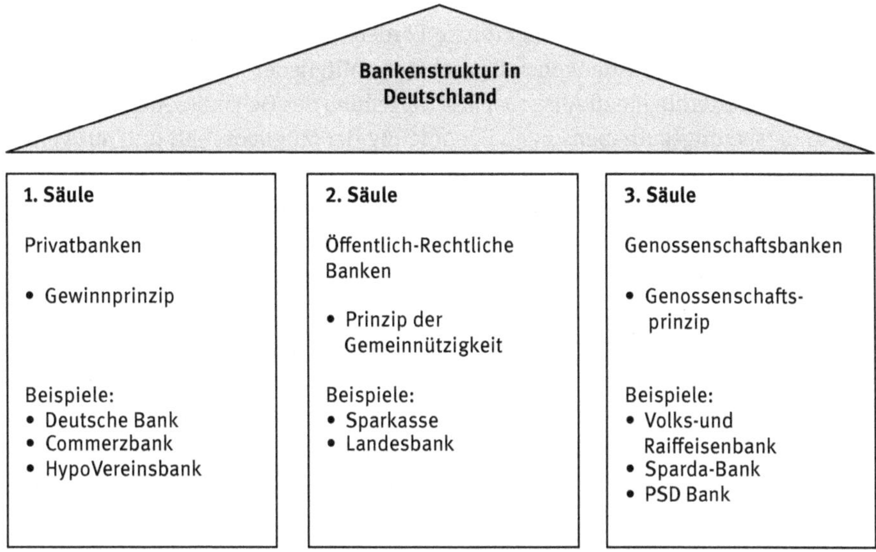

Abbildung 2.1: Das Drei-Säulen-System des Bankwesens in Deutschland[9]

Öffentlich-rechtliche Banken erfüllen einen öffentlichen Auftrag, der u.a. die Förderung des Sparsinns und die Vermögensbildung der Bürger einschließt. Sie sind in allen Bereichen des Mengengeschäfts tätig. Diese Säule wird durch die Sparkassen und Landesbanken repräsentiert.

Kreditgenossenschaften sind dem genossenschaftlichen Prinzip des Förderauftrags verschrieben, sodass die Förderung der Mitglieder hier im Vordergrund steht. Sie sind, wie auch die öffentlich-rechtlichen Banken, in allen Bereichen des Mengengeschäfts tätig. An dieser Stelle können beispielhaft die Volks- und Raiffeisenbanken (VR-Banken) genannt werden.

Der entscheidende Unterschied der Genossenschaftsbanken zu den anderen beiden Säulen ist die Rechtsform der eingetragenen Genossenschaft, welche ihre Grundsätze und Aktivitäten bestimmt. Ein wichtiger Aspekt, der an diese Rechtsform gebunden ist, ist die Mitgliedschaft. Somit können Einzelpersonen durch den Beitritt in die Kreditgenossenschaft Mitglied der Bank werden. Aufgrund ihrer Zugehörigkeit zur Genossenschaft stehen den Mitgliedern Teilnahmerechte, Vermögensrechte und das Recht auf Gleichbehandlung zu. Durch die Teilnahme an Generalversammlungen

9 Eigene Darstellung

können Mitglieder ihr Stimmrecht ausüben und so eine gestaltende Aufgabe übernehmen.

Festzuhalten ist, dass jedes Mitglied genau eine Stimme unabhängig von der Anzahl der Geschäftsanteile besitzt. Unter die Kategorie „Vermögensrecht" fällt in erster Linie das Recht, genossenschaftliche Fördereinrichtungen zu nutzen und am Geschäftsverkehr von VR-Banken teilzunehmen. Mitglieder haben laut Genossenschaftsgesetz weiterhin einen Anspruch auf Verteilung des Gewinns, Auszahlung des Auseinandersetzungsguthabens nach Beendigung der Mitgliedschaft und auf Verteilung des Vermögens bei Auflösung der Genossenschaft, wobei diese Rechte durch die Satzung beschränkt oder ausgeschlossen werden können – nach dem Gleichbehandlungsrecht jedoch nur allen Mitgliedern gegenüber in gleicher Weise. Neben den Mitgliedern ist es einer Genossenschaftsbank auch gestattet, Kunden zu betreuen, die nicht Mitglieder der Genossenschaft sind.

Ursprünglich wurden Genossenschaftsbanken im 19. Jahrhundert als Finanzinstitute zur Selbsthilfe gegründet. In Übereinstimmung mit der Idee der Selbsthilfe gehen Genossenschaftsbanken den folgenden Grundsätzen nach: Zugang zu Finanzdienstleistungen für vernachlässigte Bevölkerungsgruppen beispielsweise durch günstige Konditionen, Aufbau einer selbstverwalteten Finanzorganisation einschließlich der Mitglieder als Eigentümer und Definition von gemeinsamen Garantien für das Geschäftsrisiko, um die Abhängigkeit von staatlicher Hilfe zu vermeiden.[10]

Das Kernelement des Geschäftsmodells, das auf den Grundsätzen der Solidarität, Selbsthilfe und der Gleichbehandlung aufbaut,[11] ist die wirtschaftliche Unterstützung der Mitglieder anstelle der Gewinnmaximierung von anonymen Investoren.[12] Genossenschaftsbanken in Deutschland sind traditionell dem Mittelstand verpflichtet.[13]

Zu den Haupttätigkeiten der Genossenschaftsbanken zählt die Fristentransformation, die vor allem der langfristen Mittelstandsfinanzierung dient.[14] Ihre Geschäftstätigkeiten fokussieren sich vor allem auf das Einlagen- und Kreditgeschäft mit Kunden aus der Region.[15]

Bei näherer Betrachtung der Verteilung der Marktanteile von Kundenspareinlagen (Abbildung 2.2) wird deutlich, dass die privaten Großbanken nur einen geringen Anteil von ca. 11 % halten, während die öffentlich-rechtlichen und genossenschaftlichen Institute nahezu den Rest auf sich verteilen und demnach unentbehrlich für private Spareinlagen sind.

---

10 Raiffeisen, 1866; Reichel, 2013
11 Aschhoff, Henningsen, 1985
12 Böhnke 2012; Eim, 2007
13 Gschrey, 2013
14 Götzl, 2014
15 BVR, 2010

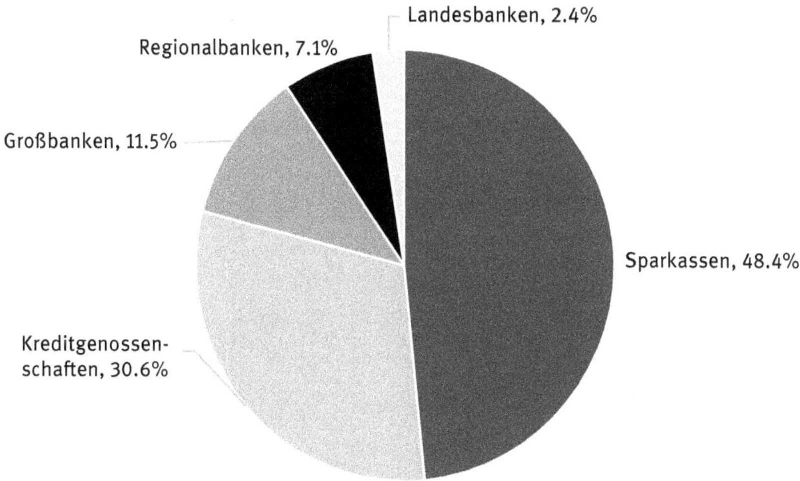

Abbildung 2.2: Marktanteil der Kundenspareinlagen nach Bankengruppen 2014[16]

Die Genossenschaftsbanken sind in einem genossenschaftlichen Finanzverbund mit mehreren anderen kooperativen Instituten vereint. Die Kooperation in der genossenschaftlichen Finanzgruppe ermöglicht den rechtlich und wirtschaftlich selbständigen Genossenschaftsbanken, als Allfinanzinstitute aufzutreten und ihren Kunden vielfältige Finanzprodukte, die weit über das Einlagen- und Kreditgeschäft hinausgehen, anzubieten.[17] Den Kreditgenossenschaften stehen somit im Wettbewerb mit anderen Finanzdienstleistern zahlreiche Markenprodukte zur Verfügung, die vom Bausparen bis hin zur Vermögensverwaltung reichen. Teil des Wirtschaftsverbundes sind neben den Kreditgenossenschaften zwei Zentralbanken, die den Genossenschaftsbanken als Liquiditätsquelle dienen, sowie mehrere Allfinanz- und Produktpartner. Letztgenannte unterstützen die Kreditgenossenschaften bei der Erstellung neuer Finanzprodukte.

Abbildung 2.3 gibt einen Überblick über die einzelnen Institute im Finanzverbund. Die wirtschaftlichen und politischen Interessen des Finanzverbundes werden auf nationaler Ebene durch den BVR vertreten.[18]

Die Genossenschaftsbanken unterliegen neben dem Genossenschaftsgesetz auch dem Kreditwesengesetz. Laut Genossenschaftsgesetz muss jede Genossenschaft einem regionalen Prüfungsverband angehören. Dieser ist zur umfangreichen Beratung sowie der Prüfung der wirtschaftlichen Verhältnisse der Genossenschaft und der Ordnungsmäßigkeit der Geschäftsleitung beauftragt. Zusätzlich wird die

16 Eigene Darstellung in Anlehnung an DSGV, 2015
17 Götzl, Gros, 2009
18 BVR, 2015

Genossenschaftsbank von der Bundesanstalt für Finanzdienstleistungsaufsicht (BaFin) nach den Vorschriften des Kreditwesengesetzes überwacht. Diese Überwachung dient dem Schutz der Gläubiger einer Bank vor Vermögensverlusten und der Sicherstellung der Funktionsfähigkeit des deutschen Kreditapparates.[20]

DZ BANK	WGZ BANK	Bausparkasse Schwäbisch Hall	R+V Versicherung	Union Investment Gruppe
Volksbanken und Raiffeisenbanken				WL BANK
Münchener Hypotheken-bank	DG HYP	DZ PRIVATBANK	VR Leasing Gruppe	easy credit

Abbildung 2.3: Die genossenschaftliche Finanzgruppe[19]

Die Fokussierung auf Kredit- und Einlagengeschäfte, das starke regionale Engagement[21] und die Verpflichtung gegenüber dem Mittelstand[22] bewirken eine vergleichsweise risikoarme Geschäftspolitik. Aufgrund ihrer Tätigkeiten und Leistungen in den letzten Jahrzehnten haben Genossenschaftsbanken zudem bewiesen, dass sie über ein nachhaltiges Geschäftsmodell verfügen.

Dies wurde auch während der letzten Finanzkrise im Jahr 2008 deutlich. Aufgrund des Geschäftsmodells, das weitestgehend unabhängig von den internationalen Finanzmärkten agiert, waren die Kreditgenossenschaften nur in geringem Umfang von Verlusten betroffen und hatten eine stabile Wirtschafts-leistung aufzuweisen.[23] Durch eine gute Eigenkapital- und Refinanzierungsstruktur konnten die Genossenschaftsbanken in der Krise ohne Stabilisierungsmaßnahmen auskommen und das Kreditgeschäft mit kleinen und mittleren Unternehmen weiter ausbauen,[24] wohingegen andere Bankengruppen staatliche Hilfen in Anspruch nehmen mussten und ihre Kreditvergabe zurückfuhren. Dadurch trugen die Genossenschaftsbanken maßgeblich

19 BVR, 2015
20 BaFin, 2014a; BVR, 2015
21 BVR, 2015; Götzl, Aberger, 2011
22 Gschrey, 2013
23 Gschrey, 2013; Schmale, 2012
24 Reichel, 2011

zur Eindämmung der Krise bei und verhinderten aufgrund einer verlässlichen Kreditvergabe finanzielle Engpässe bei Privat- und Firmenkunden in Deutschland.[25]

Insgesamt existieren derzeit 1.047 Genossenschaftsbanken in Deutschland (Stand: 2015). Sie beschäftigen nahezu 160.000 Arbeitnehmerinnen und Arbeitnehmer und weisen eine Gesamtbilanzsumme von knapp 800 Milliarden Euro auf. Darüber hinaus sind 18 Millionen Bürger, und damit nahezu ein Viertel der deutschen Gesamtbevölkerung, Mitglieder einer Genossenschaftsbank.[26] Bemerkenswert hierbei ist die regionale Verteilung der Kreditgenossenschaften, da fast ein Viertel der Banken in Bayern ansässig ist.[27]

2.2 Geschäftsmodelle

2.2.1 Konzeptualisierung

Es ist in der wissenschaftlichen Literatur in den seltensten Fällen klar definiert, was genau unter einem Geschäftsmodell zu verstehen ist, obwohl das Konzept seit mehr als 20 Jahren in der wissenschaftlichen Literatur bekannt ist.[28] Shafer, Smith und Linder untersuchten die relevante Literatur aus dem Zeitraum von 1998 bis 2002 und identifizierten hierbei zwölf unterschiedliche Definitionen von „Geschäftsmodell",[29] was die Vielfalt an möglichen Definitionen bestätigt. Dies wird darüber hinaus von Zott, Amit und Massa unterstützt, die insgesamt 103 Geschäftsmodell-Publikationen untersuchten und dabei feststellten, dass über ein Drittel der analysierten Beiträge überhaupt keine Definition des Begriffs „Geschäftsmodell" vornimmt und innerhalb der restlichen Publikationen nur äußerst geringe Überschneidungen der einzelnen Definitionen zu erkennen sind.[30]

Obgleich keine klare und einheitliche Definition des Begriffs „Geschäftsmodell" existiert,[31] herrscht zumindest der weit verbreitete Konsens, dass ein Geschäftsmodell im Allgemeinen beschreibt, wie ein Unternehmen durch seine Tätigkeit im ökonomischen Sinne Werte schafft.[32] Nach Demil und Lecocq können zwei bedeutende

25 Hofmann, 2013

26 BVR, 2015

27 GVB, 2015

28 Chesbrough, 2007; Chesbrough, Rosenbloom, 2002; Sánchez, Ricart, 2010

29 Shafer, Smith, Linder, 2005

30 Zott, Amit, Massa, 2011

31 Siehe z. B. Casadesus-Masanell, Ricart, 2010; Enkel, Mezger, 2013; George, Bock, 2011; Johnson, 2010a;. Zott et al., 2011

32 Siehe z. B. Gassmann, Friesike, Csik, 2011; Johnson, 2010b; Magretta, 2002; Osterwalder, Pigneur, Tucci, 2005; Teece, 2010; Wirtz, Schilke, Ullrich, 2010; Zott, Amit, 2010

Sichtweisen von Geschäftsmodellen unterschieden werden: eine transformative und eine statische Herangehensweise.[33] Der erstgennannte Ansatz versteht ein Geschäftsmodell als Werkzeug, um Veränderungen innerhalb der Organisation zu initiieren, und ist in der wissenschaftlichen Literatur kaum vertreten.

Die zweite Sichtweise betrachtet ein Geschäftsmodell als Entwurf der Beziehungen zwischen den Kernkomponenten eines Unternehmens und ist in der Wissenschaft weit verbreitet. Bei näherer Betrachtung der Publikationen zu Geschäftsmodellen, die einen solchen „statischen" Ansatz verfolgen, können vier unterschiedliche Möglichkeiten zur Konzeptualisierung des Begriffs „Geschäftsmodell" identifiziert werden, die in Abbildung 2.4 illustriert sind.

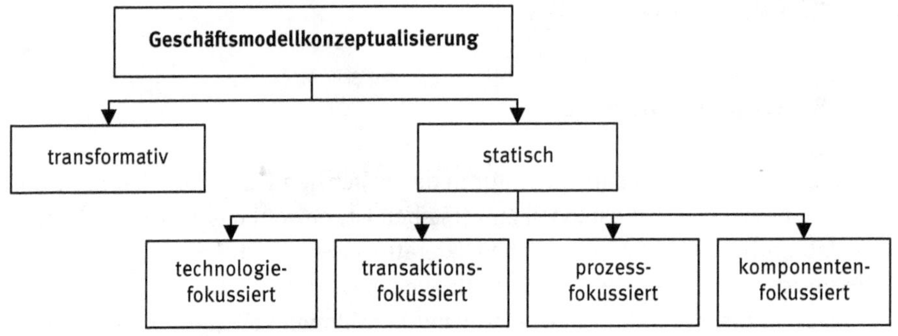

Abbildung 2.4: Unterschiedliche Ansätze von Geschäftsmodellkonzeptualisierungen[34]

Chesbrough und Rosenbloom repräsentieren einen technologieorientierten Ansatz.[35] In diesem Konzept verbindet ein Geschäftsmodell das grundsätzliche Potential von Technologien mit der Schaffung von Werten. Der zweite Ansatz ist in der Transaktionstheorie verwurzelt und definiert ein Geschäftsmodell als den Inhalt, die Struktur und die Governance von Transaktionen, die zur Generierung von Werten notwendig sind. Des Weiteren beschreibt das Geschäftsmodell nach diesem Ansatz die erforderlichen Schritte, um diese Transaktionen auszuführen.[36] Der dritte Ansatz von statischen Geschäftsmodellkonzepten betont die Prozesse, mit denen Werte geschaffen werden. Hendrix, einer der Vertreter dieser Sichtweise, definiert ein Geschäftsmodell als ein Modell bestehend aus dem Wertangebot eines Unternehmens und allen in die Wertschöpfung involvierten Partner, wobei er sich auf die für die Werterstellung notwendigen Prozesse fokussiert.[37] Im Gegensatz dazu ist Morris eher marktorientiert.

---

33 Demil, Lecocq, 2010
34 Eigene Darstellung in Anlehnung an Demil, Lecocq, 2010
35 Chesbrough, Rosenbloom, 2002
36 Amit, Zott, 2001
37 Hendrix, 2005

Er sieht ein Geschäftsmodell hauptsächlich als die Beziehungen eines Unternehmens zum Markt und alle benötigten Prozesse, um diese Beziehungen aufzubauen.[38]

Der letzte Ansatz ist ein architektonischer. Er betrachtet ein Geschäftsmodell als die Konfiguration von Aktivitäten, die ein Unternehmen durchführen muss, um Werte für die Kunden zu schaffen und ihnen verfügbar zu machen. Darüber hinaus beinhaltet es das Partnernetzwerk des Unternehmens, das für die Leistungserstellung notwendig ist, und veranschaulicht, wie die einzelnen Geschäftsmodellelemente miteinander in Beziehung stehen.[39] Dieser letzte, komponenten-fokussierte Geschäftsmodellansatz stimmt mit den meisten in der wissenschaftlichen Literatur verwendeten überein.[40] Trotz dieser insgesamt sehr heterogenen Sichtweisen haben die meisten Ansätze eine ganzheitliche Perspektive gemeinsam. So sind sie nicht ausschließlich auf unternehmensinterne oder unternehmensexterne Elemente beschränkt, sondern berücksichtigen beide Sichtweisen.[41]

Ähnlich der Vielzahl von bestehenden Geschäftsmodellansätzen finden sich in der wissenschaftlichen Literatur ebenso viele verschiedene Konfigurationen hinsichtlich des Aufbaus von Geschäftsmodellen.[42] Shafer et al. bestätigen dieses inkonsistente Bild von Geschäftsmodellelementen in ihrer Untersuchung von zwölf unterschiedlichen Geschäftsmodelldefinitionen, die insgesamt 42 unterschiedliche Komponenten enthalten.[43]

Eine weitere Untersuchung von 19 Definitionen von Morris, Schindehutte und Allen kommt zu einem ähnlichen Ergebnis.[44] Obwohl jedes einzelne betrachtete Geschäftsmodell aus maximal acht Elementen besteht, identifizieren die Autoren insgesamt 24 verschiedene Geschäftsmodellbausteine. Eine Erklärung für diese Vielzahl an Komponenten liefern Cavalcante, Kesting und Ulhøi, die davon ausgehen, dass die allgemeine Festlegung der Komponenten eines Geschäftsmodells unmöglich ist, da diese hochgradig unternehmensspezifisch sind.[45]

Für das weitere Vorgehen unserer Analyse ist es nun notwendig, ein Geschäftsmodell-Konzept festzulegen. Als Vertreter der statischen Geschäftsmodellansätze verglichen Osterwalder, Pigneur und Tucci verschiedene Geschäftsmodelldefinitionen und leiteten daraus neun Bausteine ab.[46] Darüber hinaus ist ihr Geschäftsmodell-Konzept relativ einfach zu verstehen, ohne die Komplexität zu sehr zu vereinfachen.

---

38 Morris, 2009

39 Amit, Zott, 2012; Chesbrough, 2007; Osterwalder et al., 2005; Santos, Spector, van der Heyden, 2009; Sorescu, Frambach, Singh, Rangaswamy, Bridges, 2011; Teece, 2010

40 Wirtz, 2011; Zott, Amit, 2010

41 Schneider, Spieth, 2013

42 Siehe z. B. Frankenberger, Weiblen, Csik, Gassmann, 2013; Hendrix, 2005; Sánchez, Ricart, 2010

43 Shafer et al., 2005

44 Morris, Schindehutte, Allen, 2005

45 Cavalcante, Kesting, Ulhøi, 2011

46 Osterwalder et al., 2005

Die Bedeutung des oft als „Canvas" bezeichneten Geschäftsmodell-Konzepts zeigt sich auch in der Praxis, da es in Unternehmen inzwischen weltweit Anwendung findet.[47] Aus diesem Grund wird dieses Geschäftsmodell-Konzept für den Zweck dieser Studie angewendet. Osterwalder und Pigneur definieren ihr Geschäftsmodell wie folgt: „[A] business model describes the rationale of how an organization creates, delivers, and captures value".[48] Das Geschäftsmodell besteht aus neun Bausteinen, die in Abbildung 2.5 dargestellt und im Folgenden mit Bezug auf die Genossenschaftsbanken näher erläutert werden.

Schlüssel-partner	Schlüssel-aktivitäten	Wertangebot	Kunden-beziehungen	Kunden-segmente
	Schlüssel-ressourcen		Kanäle	
Kostenstruktur		Einnahmequellen		

Abbildung 2.5: Geschäftsmodell-Konzept nach Osterwalder und Pigneur[49]

Unter Berücksichtigung der Beziehungen der Bausteine untereinander ergibt sich folgendes Bild (Abbildung 2.6):

Das Zentrum des Geschäftsmodells bildet das *Wertangebot*. Hierbei wird den Fragen nachgegangen, welcher Wert dem Kunden geboten wird, welche Probleme des Kunden mit dem Produkt oder der Leistung gelöst werden können, welche Produktpakete und Dienstleistungen den einzelnen Kundensegmenten angeboten werden und welche Kundenbedürfnisse durch das Angebot des Unternehmens befriedigt werden können. Ein Wertangebot kann sowohl einzelne Produkte und Dienstleistungen als auch Produktbündel kombiniert mit Dienstleistungen umfassen. Werte können qualitativ sein, wie etwa Design, eine bestimmte Marke oder ein Image, oder auch quantitativ, wie z. B. der Preis, Angebote zur Kostenreduktion oder die Risikoübernahme durch das Unternehmen. Während neue Produkte oder neue Dienstleistungen Bedürfnisse erfüllen können, die unter Umständen vorher noch nicht existiert haben, führen Veränderungen oder Verbesserungen bestehender Produkte oder Dienstleistungen zu einem verbesserten Erfüllungsgrad von Bedürfnissen. Auf Kundenwünsche

47 Osterwalder, Pigneur, 2010
48 Osterwalder, Pigneur, 2010
49 Eigene Darstellung in Anlehnung an Osterwalder, Pigneur, 2010

angepasste Produkte und Dienstleistungen erreichen hierbei die höchsten Werte der Bedürfniserfüllung. Eine verbesserte Verfügbarkeit der Produkte und Dienstleistungen schafft ebenfalls Mehrwert.

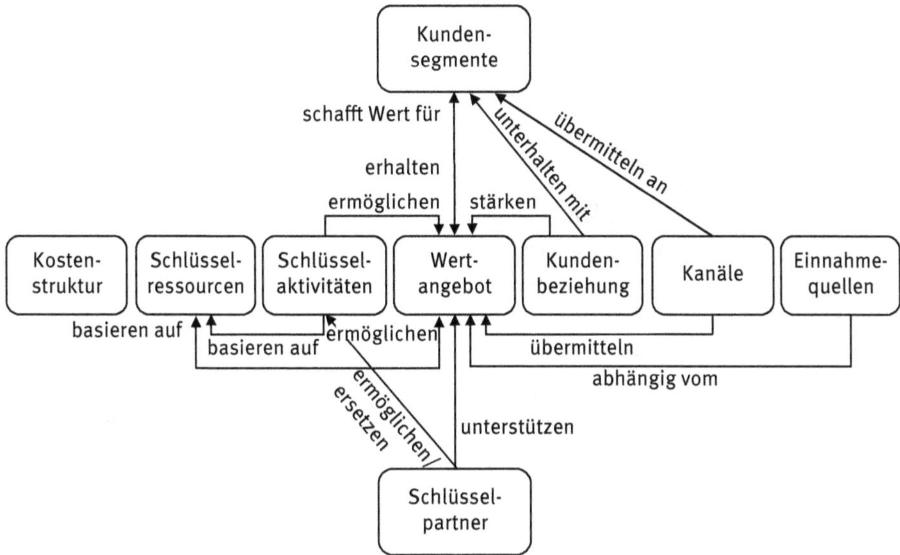

Abbildung 2.6: Geschäftsmodellbausteine und deren Beziehungen[50]

Innerhalb der im vorherigen Baustein angesprochenen *Kundensegmente* werden die verschiedenen Kundengruppen festgelegt, die eine Organisation oder ein Unternehmen mit seinem Wertangebot ansprechen möchte. Hierbei ist zu beachten, dass Kunden den wichtigsten Bereich eines Geschäftsmodells bilden. Die Fragen, die bei der Konzeptualisierung dieses Bausteins gestellt werden, handeln davon, für wen eigentlich Werte geschaffen werden sollen und wer die entscheidenden Kunden des Unternehmens sind. Osterwalder und Pigneur unterscheiden im Bereich der Kundengruppen sowohl Massen- und Nischenmärkte als auch segmentierte und diversifizierte Märkte sowie „multi-sided platforms", bei denen unterschiedliche Kundengruppen angesprochen werden sollen.[51] Die Kundensegmente sind mit dem vorherigen Baustein des Wertangebots verknüpft. Die Kunden erhalten also das Wertangebot, welches schließlich einen wahrnehmbaren Wert generiert.

Die Ansprache des Kunden erfolgt in einem Unternehmen über verschiedene *Kanäle*, bestehend aus Kommunikations-, Distributions- und Verkaufskanälen. Sie bilden eine wichtige Schnittstellenfunktion zwischen den Unternehmen und den

50 Eigene Darstellung in Anlehnung an Zolnowski, Böhmann 2013
51 Osterwalder, Pigneur, 2010

Kunden, indem sie den Kundenkontakt herstellen und die Aufmerksamkeit der Kunden auf die Produkte und Dienstleistungen des Unternehmens lenken. Weitere wichtige Aufgaben der Kanäle sind die Verkaufsförderung, die Vermittlung des Wertangebots und die Kundenbetreuung. Unter dem Baustein der Kanäle wird versucht, die möglichen Ausprägungen der Kommunikation (z. B. direkt oder indirekt), für die sich das Unternehmen entschieden hat, abzubilden. Durch die Übermittlung des Wertangebots an die Kundensegmente stehen die Kanäle in direkter Beziehungen zu den bereits erläuterten Bausteinen.

Die Komponente *Kundenbeziehungen* beschreibt die verschiedenen Beziehungstypen zwischen Unternehmen und Kunden. Unternehmen müssen sich dabei insbesondere darüber im Klaren werden, welche Arten von Beziehungen die Kunden aus den unterschiedlichen Segmenten wünschen bzw. bedürfen und ob sie diese auch im Unternehmen vorfinden bzw. ob diese vom Unternehmen geleistet werden können. Diese Beziehungen sollten sich zudem sinnvoll in das Geschäftsmodell integrieren lassen. Sie können dabei beispielsweise persönlicher, individueller Natur sein oder nur über automatisierte Kommunikation erfolgen. Auch dieser Baustein steht in direkter Verbindung zu den beiden erstgenannten Komponenten. So wird der wahrgenommene Nutzen des Wertangebots über die Beziehungen, die mit den Kunden unterhalten werden, gestärkt.

Welche Aktivitäten das Nutzenversprechen, die Distributionskanäle, die Kundenbeziehungen und die Einnahmequellen erfordern, wird unter der Komponente *Schlüsselaktivitäten* zusammengefasst. Folglich werden unter diesem Baustein vor allem die Aktivitäten und Aufgaben aufgeführt, die im täglichen, operativen Geschäft des Unternehmens anfallen. Unterscheidet sich ein Unternehmen in seinen Verfahren von den Konkurrenten oder hat sich auf bestimmte Aktivitäten spezialisiert, so sind diese seine Schlüsselaktivitäten. Problemlösende Schlüsselaktivitäten finden sich vor allem bei Unternehmen aus der Dienstleistungsbranche.

Schlüsselressourcen sind Alleinstellungsmerkmale eines Unternehmens, die die Basis für das das Geschäftsmodell bilden. Das heißt, erst durch seine Schlüsselressourcen gelingt es einem Unternehmen, Wertangebote für seine potentiellen Kunden zu schaffen. Um sich die richtigen Ressourcen zu erschließen, sollte ein Unternehmen herausfinden, welche Kompetenzen für seine Wertangebote erforderlich sind. Des Weiteren sollten auch die Schlüsselressourcen für die anderen Bausteine, wie z. B. die Kanäle oder die Kundenbeziehungen angepasst werden. Schlüsselressourcen können in physischen, humanen, finanziellen oder intellektuellen Aspekten begründet sein, wobei letztere eine immer bedeutendere Rolle einnehmen und oftmals einen wahrnehmbaren Unterschied der Wertangebote für die Kunden darstellen. Werden Netzwerke, Vermittlungsseiten, Software oder Marken für das Geschäftsmodell verwendet, so sind diese die Schlüsselressourcen des Unternehmens. Die Schlüsselressourcen sind eng mit den Schlüsselaktivitäten verbunden, da letztere auf den Schlüsselressourcen basieren. Des Weiteren ermöglichen diese beiden Bausteine erst das Wertangebot und stehen damit auch mit dieser zentralen Geschäftsmodellkomponente in Beziehung.

Schlüsselpartner beschreiben die erforderlichen Partner, die ein Unternehmen benötigt, um sein Geschäftsmodell erfolgreich zu betreiben. Osterwalder und Pigneur unterscheiden vier verschiedene Arten von Partnerschaften: Strategische Allianzen gibt es vor allem bei Unternehmen, die in keinem wettbewerbsähnlichen Verhältnis zueinander stehen, während Coopetitions strategische Partnerschaften zwischen Unternehmen darstellen, die in einem Wettbewerbsverhältnis stehen. Joint Ventures entstehen aus dem Zusammenführen von gleichen Geschäftsfeldern verschiedener Unternehmen. Die vierte Art von Partnerschaften stellen die Käufer-Anbieter-Beziehungen dar, die eine nachhaltige Sicherstellung der Versorgung zum Ziel hat. Die Motivation hinter diesen Partnerschaften ist einerseits die Optimierung der Versorgung sowie die Verminderung der Risiken und die Erlangung bestimmter Rohstoffe und Aktivitäten. Weitere Ziele der Schlüsselpartner können eine mögliche Optimierung der Wirtschaftlichkeit sowie eine Minimierung von Risiken und Unsicherheiten sein. Sie betreffen zum einen die Schlüsselaktivitäten, da diese durch die Partnerschaften ermöglicht oder ersetzt werden. Zum anderen stehen die Schlüsselpartner mit dem Wertangebot in Beziehungen, indem dieses unterstützt wird.[52]

Die finanzielle Seite betrifft zum einen die *Einnahmequellen*. Um diese ganzheitlich zu betrachten, muss sich das Unternehmen fragen, für welchen Nutzen die Kunden tatsächlich zu zahlen bereit sind und in welcher Form sie die Zahlung bevorzugen. Außerdem sollte erörtert werden, wie viel jede Einnahmequelle zum Gesamtumsatz beiträgt. Die Einnahmen können verschiedener Art sein und z.B. über Verkauf, Nutzungsgebühren, Verleih, Vermietung, Leasing, Lizenzen oder Vermittlungsgebühren erzielt werden. Abhängig von der Art der veräußerten Leistung kann das Unternehmen mittels Festpreisen oder variablen Preisen die Einnahmequellen erschließen. Die Erlöse sind dabei abhängig vom Wertangebot des Geschäftsmodells.

Der zweite finanzorientierte Baustein besteht aus der *Kostenstruktur* und ist zugleich der letzte Baustein des Geschäftsmodells. Hier werden alle Kosten aufgeführt, die sich bei der Ausführung eines bestimmten Geschäftsmodells ergeben. Eine Analyse der wichtigsten, mit dem Geschäftsmodell verbundenen Kosten ist dabei unerlässlich. Ebenso muss untersucht werden, welche Schlüsselressourcen und Schlüsselaktivitäten am teuersten sind. Daraus ergibt sich, ob das Geschäft des Unternehmens überwiegend kosten- oder wertorientiert ist. Während sich ein kostenorientierter Ansatz durch Niedrigpreisversprechen, maximale Automation und starkes Outsourcing auszeichnet, setzt ein wertorientierter Ansatz des Unternehmens schwerpunktmäßig auf Wertschöpfung und ein hochwertiges Nutzenversprechen. Um die Kosten des Unternehmens in seiner Gänze abbilden zu können, müssen neben den fixen und den variablen Kosten auch Skaleneffekte und Kostensynergieeffekte berücksichtigt werden.

52 Osterwalder, Pigneur, 2010

2.2.2 Abgrenzung von dem Begriff Strategie

Neben dem Begriff „Geschäftsmodell“ wird in der wissenschaftlichen Literatur der Begriff „Strategie“ häufig synonym gebraucht. Da dies zu Unklarheiten und Verwirrung führt,[53] ist eine klare Differenzierung der Begriffe „Geschäftsmodell“ und „Strategie“ notwendig.[54] Auch wenn es keine einheitliche Meinung über die Unterscheidung gibt,[55] findet sich in der Literatur eine mögliche Unterscheidung entlang von drei Dimensionen. Zunächst einmal ist ein Geschäftsmodell eine statische Beschreibung von organisatorischen Elementen, wohingegen die Strategie dynamischer gefasst ist und sich mit dem Prozess beschäftigt, um sich von einem aktuellen zu ein einem effektiveren Zustand zu bewegen.[56]

Die zweite Dimension unterscheidet die beiden Konzepte nach ihrer internen oder externen Orientierung. Ein Geschäftsmodell fokussiert sich dabei eher auf die internen Wertschöpfungsprozesse und macht deutlich, wie diese für das Geschäft eines Unternehmens notwendige Elemente zusammenpassen. Demgegenüber befasst sich die Strategie mit den Wettbewerbern eines Unternehmens und verdeutlicht, wie das Unternehmen beabsichtigt, sich innerhalb des Wettbewerbs zu positionieren, um einen nachhaltigen Wettbewerbsvorteil zu generieren.[57]

Zu guter Letzt können ein Geschäftsmodell und eine Strategie noch anhand ihrer hierarchischen Einordnung differenziert werden. Die wissenschaftliche Mehrheit stimmt damit überein, dass eine Strategie sehr abstrakt ist und das übergeordnete Ziel einer Unternehmung festlegt. Ein Geschäftsmodell hingegen ist eine detaillierte Beschreibung verschiedener Mechanismen, um dieses Ziel zu erreichen.

Des Weiteren spezifiziert ein Geschäftsmodell die Strategie im Rahmen seiner Bausteine. Dies bedeutet, dass ein Geschäftsmodell der Strategie folgt und diese operationalisiert.[58]

Wie Abbildung 2.7 zeigt, kann zusammenfassend festgehalten werden, dass ein Geschäftsmodell eine statische Beschreibung einer Organisation darstellt, die sich auf die internen Wertschöpfungsprozesse fokussiert. Es folgt der Unternehmensstrategie, die ein dynamisches Konzept mit einer Fokussierung auf den externen Wettbewerb bezeichnet.

---

53 Morris et al., 2005; Seddon, Lewis, Freeman, Shanks, 2004

54 Shafer et al., 2005; Stähler, 2002; Zott et al., 2011

55 Osterwalder et al., 2005

56 Dahan, Doh, Oetzel, Yaziji, 2010; George, Bock, 2011

57 Abraham, 2013; Bieger, Reinhold, 2011; Magretta, 2002; Seddon et al., 2004; Zott, Amit, 2008

58 Bieger, Reinhold, 2011; Sabatier, Mangematin, Rousselle, 2010; Schweikle, 2009; Seddon et al., 2004; Smith, Binns, Tushman, 2010; Sorescu et al., 2011; Stähler, 2002; Tikkanen, Lamberg, Parvinen, Kallunki, 2005

Abbildung 2.7: Abgrenzung von Geschäftsmodell und Strategie[59]

Trotz dieser klaren Abgrenzung hängen beide Konzepte eng zusammen, da ein Geschäftsmodell auch strategische Elemente beinhaltet und ein neues Geschäftsmodell das Ergebnis strategischer Entscheidungen sein sollte.[60]

Darüber hinaus wird dieser Zusammenhang auch auf der finanziellen Seite deutlich, da eine effiziente Koordination der beiden Konstrukte zu positiven finanziellen Effekten führen kann.[61]

Damit sind die notwendigen theoretischen Grundlagen kurz angesprochen. Im Folgenden wenden wir uns der Darstellung von vier empirischen Studien zu, die sich mit dem Geschäftsmodell der Genossenschaftsbanken und den regulierungsbedingten Änderungen sowie mit dem Zinsänderungsrisiko und der Rentabilität der Kreditgenossenschaften beschäftigen. Beginnen wir mit dem Geschäftsmodell der Kreditgenossenschaften.

59 Eigene Darstellung in Anlehnung an Dahan, Doh, Oetzel, Yaziji, 2010; George, Bock, 2011; Abraham, 2013; Bieger, Reinhold, 2011; Magretta, 2002; Seddon et al., 2004; Zott, Amit, 2008; Bieger, Reinhold, 2011; Sabatier, Mangematin, Rousselle, 2010; Schweikle, 2009; Seddon et al., 2004; Smith, Binns, Tushman, 2010; Sorescu et al., 2011; Stähler, 2002; Tikkanen, Lamberg, Parvinen, Kallunki, 2005

60 Hendrix, 2005; Morris et al., 2005; Zott, Amit, 2008

61 Teece, 2010; Zott, Amit, 2008

3 Qualitative empirische Studie

3.1 Ziele der qualitativen Studie

Nach der Darlegung der theoretischen Grundlagen soll nun die praktische Relevanz der Forschungsfrage „Wie beeinflusst die Finanzmarktregulierung das Geschäftsmodell von etablierten genossenschaftlichen Kreditinstituten?“ dargelegt werden.

Zur Beantwortung dieser Forschungsfrage wurde zunächst eine qualitativ empirische Untersuchung im Rahmen einer Expertendiskussion durchgeführt, zu der die Autoren an die Friedrich-Alexander-Universität Erlangen-Nürnberg eingeladen hatten.

Die Gruppendiskussion hatte das übergeordnete Ziel, die bereits eingetretenen und zukünftig erwarteten Auswirkungen der Finanzmarktregulierung auf das Geschäftsmodell von Genossenschaftsbanken zu identifizieren.

Die hier vorgestellte qualitative Studie verfolgte in diesem Zusammenhang insgesamt drei konkrete Teilziele:

Zum einen sollte mit Hilfe der Experten der Status Quo des Geschäftsmodells der Kreditgenossenschaften erörtert und grafisch dargestellt werden.

Darüber hinaus diente sie der kritischen Erfassung der großen Anzahl an Finanzmarktregulierungen, die im Zuge der Finanzkrise nach 2008 erlassen wurden. Die Diskussion sollte die Relevanz der Regulierung, insbesondere unter Berücksichtigung der genossenschaftlichen Besonderheiten, erörtern. Damit sollten die verschiedenen Einzel-Regulierungen differenziert beleuchtet werden, sodass im weiteren Verlauf eine Fokussierung auf die für Kreditgenossenschaften besonders relevanten Regulierungen erfolgen konnte. Hierfür diente auch das Ergebnis einer ausführlichen Literaturrecherche aller Regulierungen der vergangenen Jahre, die durch die Europäische Union veranlasst wurden. Diese Bestandsaufnahme ergab 20 als besonders relevant erachtete Regulierungen, die in Folgendem als Diskussionsgrundlage dienten.

Das dritte Ziel der Gruppendiskussion lag darin, aus den identifizierten, relevanten Regulierungen mögliche Auswirkungen auf das zuvor identifizierte Geschäftsmodell abzuleiten und somit das Gefährdungspotential für Kreditgenossenschaften aufzudecken. Hierfür wurde jeder Baustein des Geschäftsmodells separat betrachtet und diskutiert.

3.2 Methodische Grundlagen

Die hier vorgestellte qualitative Studie basiert auf der Befragung einer geringen Anzahl an Untersuchungspersonen, deren Auswahl nicht auf einer echten Zufallsstrichprobe

DOI 10.1515/9783110487589-003

basiert. Insofern erfolgt hier auch keine Auswertung anhand statistischer Methoden.[1] Trotz oder gerade wegen dieser Charakteristika stellt die qualitative Forschung unbestritten einen geeigneten Forschungsansatz dar, wenn der zu untersuchende Forschungsbereich noch relativ unbekannt ist. Das Ziel der qualitativen Forschung liegt in einem solchen Fall primär in der ersten, groben Erkundung des Forschungsobjekts durch eine Vorstudie.[2]

Die Methodikliteratur hält grundsätzlich verschiedene Ansätze bereit, wie Daten in der qualitativen Forschung erhoben werden können.[3] Einen dieser Ansätze stellt die Gruppendiskussion dar. Diese eignet sich für komplexe Probleme mit bisher kaum vorhandenen Erkenntnissen. In einer solchen Ausgangslage eines Forschungsvorhabens bieten Gruppendiskussionen die Möglichkeit einer notwendigen, explorativen Vorstudie. An diese kann beispielsweise eine standardisierte Befragung anschließen.[4] Die Komplexität der Regulierungen und deren Auswirkungen auf das Geschäftsmodell der genossenschaftlichen Kreditinstitute sind bisher noch nicht ausführlich untersucht worden. Daher eignet sich die Gruppendiskussion für die vorliegende Untersuchung im besonderen Maße. Ein Vorteil der Gruppendiskussion im Vergleich zu Experteninterviews ist die gegenseitige Motivation der Beteiligten, eine detaillierte Stellungnahme abzugeben und Meinungsäußerungen zu präzisieren.[5] So betont Surowiecki: „[a] successful face-to-face group is more than just collectively intelligent. It makes everyone work harder, think smarter, and reach better conclusions than they would have on their own“.[6]

In der Literatur existiert keine einheitliche Definition des Begriffs „Gruppendiskussion“. Nach Lamnek werden mehrere Begriffe synonym verwendet, obwohl diese von der ursprünglichen Bedeutung der Gruppendiskussion abweichen.[7] Die Nominalgruppentechnik, die Delphi-Technik oder die Fokusgruppe, welche vor allem in den USA angewendet wird, sind solche beispielhaften Begriffe. Die folgende Untersuchung folgt dem Konzept „Fokusgruppe“. Eine wichtige Eigenschaft der Gruppendiskussion ist, wie bereits erwähnt, der persönliche Austausch aller Teilnehmer zu einem bestimmten Thema.[8] Die Literatur bietet unterschiedliche Informationen hinsichtlich der idealen Gruppengröße. Lamnek und Mangold haben mehrere Studien dazu vorgenommen und fanden heraus, dass Gruppen zwischen einer relativ großen Spannweite von 3–20 Teilnehmern und einer sehr kleinen Spannweite von 3–5 Teilnehmern

1 Lamnek, Krell, 2010; Müller, 2000
2 Mayring, 2010; Diekmann, 2010
3 Siehe hierzu z. B. Patton, 1990; Lamnek, Krell, 2010
4 Kühn, Koschel, 2011; Lamnek, 1998; Morgan, 1988a
5 Mangold, 1973; Kromrey, 1986; Bortz, Döring, 2006; Pepels, 2007; Liebig, Nentwig-Gesemann, 2009; Kuss, Eisend, 2010
6 Surowiecki, 2005, S. 176
7 Lamnek, 1998
8 Krueger, 1994; Lamnek, 1998; Morgan, 1988a

schwanken.[9] Laut Mangold bevorzugen die meisten Gruppen eine Größe von sechs bis zehn Teilnehmern.[10] Die Anzahl von zehn Personen wird auch von Liebig und Nentwig-Gesemann als Maximum einer idealen Gruppengröße angeführt.[11] Die Teilnehmer können auch als Experten bezeichnet werden. Welche Personen dabei genau den Status eines Experten innehaben, hängt stark von dem konkreten Forschungsfeld ab.[12] Grundsätzlich ist ein Experte eine Person, die privilegierten Zugang zu Informationen in einer bestimmten Domäne hat und auch bereit ist, diese mitzuteilen.[13] Dies bedeutet für die vorliegende qualitative Studie, dass alle Teilnehmer der Gruppendiskussion umfassende Kenntnisse über das Geschäftsmodell von Genossenschaftsbanken besitzen müssen. Des Weiteren sind Kenntnisse über die Finanzmarktregulierung notwendig, um sich für diese Studie zu qualifizieren.

3.3 Durchführung der qualitativen Studie

Die Gruppendiskussion bestand aus fünf Führungskräften bayerischer genossenschaftlicher Kreditinstitute, einem Moderator, der die Diskussion leitete, sowie einer Assistentin. Die Gruppengröße von fünf Teilnehmern ist zum Zweck dieser Untersuchung ausreichend, da sie eine ausführliche Diskussion der untersuchten Fragestellung ermöglicht.[14] Bei der Durchführung einer Diskussion in einer solch kleinen Gruppe ist es dabei besonders wichtig, dass alle Teilnehmer ein ausreichendes Interesse an dem Thema besitzen und auch Experten in dem Bereich sind.[15] Die Teilnehmer der vorliegenden Studie erfüllten diese Bedingungen, da sie alle direkt oder indirekt von der Finanzmarktregulierung betroffen sind. Darüber hinaus besaßen alle Teilnehmer durch ihren Status als Führungskräfte von Genossenschaftsbanken tiefgehendes Wissen über deren Geschäftsmodelle sowie aller relevanten finanzpolitischen Umwelteinflüsse. Wie in der Literatur empfohlen,[16] wurde kein detaillierter Leitfaden angewandt. Den Experten wurde lediglich das Thema der Diskussion (relevante Finanzmarktregulierungen für die genossenschaftlichen Kreditinstitute sowie mögliche Auswirkungen dieser Vorschriften auf das Geschäftsmodell) mitgeteilt, ohne bereits zu sehr ins Detail zu gehen. Die Gruppendiskussion wurde im September 2014 durchgeführt.

9 Lamnek, 1998; Mangold, 1973

10 Mangold, 1973

11 Liebig, Nentwig-Gesemann, 2009

12 Bogner, Menz, 2005; Meuser, Nagel, 2005a

13 Gläser, Laudel, 2010; Mayer, 2008; Meuser, Nagel, 2009; Meuser, Nagel, 2005a, Meuser, Nagel, 2005b

14 Lamnek, 1998

15 Lamnek, 1998; Morgan, 1988b

16 Lamnek, 1998; Mangold, 1973

3.4 Ergebnisse der qualitativen Studie

3.4.1 Relevante Regulierungen

Im ersten Teil der Gruppendiskussion lag der Fokus auf den verschiedenen Teilbereichen der Finanzmarktregulierung und deren Relevanz für die Kreditgenossenschaften. Die Diskussion identifizierte insgesamt drei Vorschriften, die als sehr relevant bewertet wurden. Darüber hinaus nannten die Experten fünf weitere, nicht vorgegebene Regulierungen, die sie ebenfalls als sehr bedeutend einstuften. Somit ergaben sich insgesamt acht hochgradig relevante Regulierungsbereiche für die Genossenschaftsbanken. 15 weitere Regulierungen wurden mit einer nur geringen oder gar keinen Relevanz bewertet, während drei Regulierungen mit einer mittleren Relevanz für Genossenschaftsbanken bewertet wurden. Die Experten diskutierten insgesamt 25 einzelne Regulierungen, die vor allem seit 2011 angewendet werden. Abbildung 3.1 illustriert die identifizierten Regulierungen in absteigender Reihenfolge der Relevanz für Kreditgenossenschaften.

Aus Sicht der Experten haben insbesondere folgende Regulierungen eine besondere Bedeutung: die Vergütungspflicht für Aufsichtsräte, die Kapitaladäquanzverordnung und -richtlinie (CRR/CRD IV), die Mindestliquiditätsquote (LCR), die Mindestanforderungen an die Ausgestaltung von Sanierungsplänen (MaSan), die Risikolimite, die Unterlegung variabler Einlagen mit Eigenkapital, die Untergrabung langfristiger Zinsbindung und der gestiegene Verbraucherschutz.

Des Weiteren wurden bereits implementierte, den Aufsichtsrat betreffende Regularien, IFRS-Neuerungen sowie der Anlegerschutz als ebenfalls relevant bewertet. Es zeigte sich, dass die Experten einen großen Teil der diskutierten Regulierungen als bedeutend für Genossenschaftsbanken erachteten. Insgesamt 14 Regulierungen wurden als nicht gänzlich unbedeutend bewertet.

3.4.2 Derzeitiges Geschäftsmodell der Kreditgenossenschaften

In einem ersten Schritt wurden die für Genossenschaftsbanken relevanten Regulierungen identifiziert. In einem zweiten Schritt wurde das aktuelle Geschäftsmodell Genossenschaftsbanken und den Veränderungen, die sich aus den Regulierungen ergeben, analysiert.

Der Baustein *Wertangebot* wird durch finanzielle und genossenschaftliche Inhalte charakterisiert. Finanzielle Inhalte bestehen aus Einlagen- und Kreditgeschäften sowie zielgruppenspezifischen Leistungspaketen. Das Wertangebot bezieht sich auf realbezogene Finanzprodukte, eine ganzheitliche Beratung, die Erfüllung des Förderauftrags, die soziale und ökologische Verantwortung in der Region, Verbund- und Markengeschäfte sowie einen darüber hinausgehenden gesellschaftlichen Nutzen.

Insgesamt steht die Verwirklichung der genossenschaftlichen Idee deutlich im Vordergrund. Nach Aussage der Experten wird das Wertangebot der Genossenschaftsbanken durch ein als leistungsstarkes Angebot zu einem günstigen Preis charakterisiert.

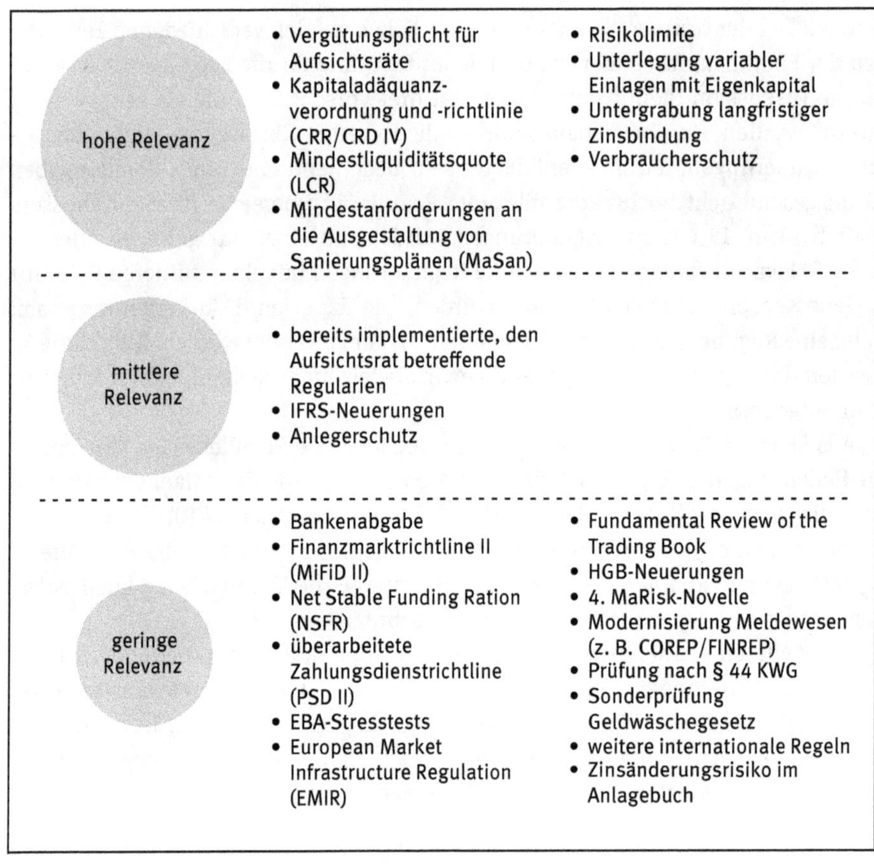

Abbildung 3.1: Identifizierte Finanzmarktregulierungen und deren Relevanz für Kreditgenossenschaften (Basis Gruppendiskussion)[17]

Die *Kundensegmente* bestehen aus regionalen Kunden, welche vor Ort innerhalb eines begrenzten Einzugsgebietes der jeweiligen Genossenschaftsbank ansässig sind. Diese können in Privat- und Geschäftskunden unterteilt werden. Letztere bestehen insbesondere aus mittelständischen Unternehmen mit einem durchschnittlichen Umsatz von weniger als 50 Millionen Euro. Des Weiteren differenzieren Genossenschaftsbanken zwischen Mitgliedern und Nichtmitgliedern.

17 Eigene Darstellung

Die *Kundenbeziehungen* werden als direkt und persönlich charakterisiert. Darüber hinaus beschreiben die Experten die Beziehungen der Genossenschaftsbanken zu ihren Mitgliedern bzw. Kunden als emotional, verantwortungsvoll, generationenübergreifend, langfristig und krisensicher. In Bezug auf die Langfristigkeit der Beziehungen stellt außerdem die Mitgliedschaft einen exklusiven und wichtigen Faktor dar.

Eng verknüpft mit den Kundenbeziehungen sind die *Kanäle*. Zur Vermittlung des Wertangebots verfolgen die Kreditgenossenschaften eine Multikanalstrategie. Dabei werden verschiedene Kanäle, wie beispielsweise Niederlassungen, Telefon, Online und Mobil (z. B. per Smartphone), verwendet.

Die *Schlüsselaktivitäten* bestehen aus der Erstellung von Finanzdienstleistungen sowie der Bereitstellung der bankeneigenen und externen Finanzdienstleistungen für die Mitglieder bzw. Kunden. Des Weiteren betonen die Experten die ganzheitliche Beratung sowie den Aufbau und die Pflege der Kundenbeziehungen als Kernaktivitäten der Kreditgenossenschaften. Zusätzlich ist die regionale Integration eine entscheidende Aktivität.

Die *Schlüsselressourcen* der Bank bestehen vor allem aus genossenschaftlichen Werten, die auf der rechtlichen Struktur der „eingetragenen Genossenschaft" basieren, und sind dementsprechend den immateriellen Ressourcen zuzuordnen. Weitere Ressourcen dieser Kategorie sind Markenkompetenz und lokale Integration. Für letzteres spielen v.a. die regional verbundenen Mitarbeiter eine entscheidende Rolle.

Der Baustein *Schlüsselpartner* beinhaltet Verbundpartner, z.B. die DZ Bank, R+V Versicherungen oder die Bausparkasse Schwäbisch Hall, den Genossenschaftsverband Bayern (GVB), Kammern, Kommunen und Bürgermeister, Verbände, die Deutsche Bundesbank und die Bankenaufsicht, Kunden sowie Rechenzentren.

Die *Kostenstruktur* des Geschäftsmodells besteht aus variablen Kosten, Personalkosten, Sachkosten, Prüfkosten durch den Genossenschaftsverband sowie weiteren Fixkosten.

Die *Einnahmequellen* setzen sich etwa zu 75 % aus Zinserträgen und zu 25 % aus dem Vermittlungsgeschäft zusammen. Hierbei sind auch Preisaufschläge für Produkte von besonders hoher Qualität zu erwähnen. Die Experten betonen, dass diese Erlöse eine stabile, krisenresistente Einkommensquelle darstellen. Genossenschaftsbanken verfolgen aber nach eigener Aussage keine klassische Profitmaximierungsstrategie.

Alle genannten Aspekte des Geschäftsmodells von Genossenschaftsbanken sind in Abbildung 3.2 noch einmal auf einen Blick dargestellt.

3.4.3 Auswirkungen der Finanzmarktregulierung auf das Geschäftsmodell der Kreditgenossenschaften

Im Rahmen der Gruppendiskussion nahmen die Experten in einem zweiten Schritt ausführlich zu den möglichen bzw. bereits sichtbaren Auswirkungen der

Finanzmarktregulierung auf die einzelnen Bausteine des Geschäftsmodells Stellung.

Schlüsselpartner
Aktuelle Geschäftsmodell-Ausprägung:
- Verbundpartner
- Genossenschaftsverband Bayern
- Kammern
- Kommunen und Bürgermeister
- Verbände
- Deutsche Bundesbank und Bankenaufsicht
- Kunden als Partner
- Rechenzentren

Schlüsselaktivitäten
Aktuelle Geschäftsmodell-Ausprägung:
- Erstellung von Finanzdienstleistungen
- Bereitstellung bankeneigener sowie externer Finanzdienstleistungen
- Ganzheitliche Beratung
- Aufbau und Pflege der Kundenbeziehungen
- Regionale Integration

Schlüsselressourcen
Aktuelle Geschäftsmodell-Ausprägung:
- Genossenschaftliche Werte
- Rechtliche Struktur der „eG"
- Markenkompetenz
- Regional verbundene Mitarbeiter
- Lokale Integration

Wertangebot
Aktuelle Geschäftsmodell-Ausprägung:
- Einlagengeschäfte
- Kreditgeschäfte
- Zielgruppenspezifische Leistungspakete
- Realbezogene Finanzprodukte
- Ganzheitliche Beratung
- Förderauftrag
- Soziale und ökologische Verantwortung in der Region
- Verbund-und Markengeschäfte
- Gesellschaftlicher Nutzen
- Leistungsstarkes Angebot zu einem günstigen Preis

Kundenbeziehungen
Aktuelle Geschäftsmodell-Ausprägung:
- Mitgliedschaft
- Direkt und persönlich
- Emotional
- Verantwortungsvoll
- Generationenübergreifend (langfristig)
- Krisensicher

Kanäle
Aktuelle Geschäftsmodell-Ausprägung:
- Multikanalstrategie:
  - Niederlassungen
  - Telefon
  - Online
  - Mobile

Kundensegmente
Aktuelle Geschäftsmodell-Ausprägung:
- Regionale Kunden
- Privatkunden
- Geschäftskunden, insbesondere mittelständische Unternehmen (< 50 Mio. € Umsatz)
- Mitglieder
- Nichtmitglieder

Kostenstruktur
Aktuelle Geschäftsmodell-Ausprägung:
- Personalkosten
- Sachkosten
- Prüfkosten durch den GVB
- Sonstige Fixkosten
- Variable Kosten
- Remanenz der Fixkosten

Einnahmequellen
Aktuelle Geschäftsmodell-Ausprägung:
- 75 % aus Zinserträgen, 25 % aus dem Vermittlungsgeschäft
- Stabile, krisenresistente Einkommensquelle
- Preisaufschläge
- Keine klassische Profitmaximierungsstrategie

Abbildung 3.2: Geschäftsmodell von Genossenschaftsbanken[18]

Die im Einzelnen dokumentierten Ergebnisse lassen sich wie folgt zusammenfassen: Im Baustein *Wertangebot* antizipieren die Experten ein abnehmendes Kreditgeschäft und infolgedessen einen allgemeinen Mangel an Marktversorgung im Kapitalmarkt. Da die Genossenschaftsbanken für die Fremdkapitalfinanzierung von kleinen und mittelständischen Unternehmen eine besondere Bedeutung besitzen, werden von den Experten einschneidende Begrenzungen in der Mittelstandsfinanzierung befürchtet. Darüber hinaus sagen die Experten eine Einschränkung der Dividendenzahlung an die Mitglieder der Genossenschaftsbanken voraus.

Baustein *Kundensegmente*: Als Folge der Finanzmarktregulierung können Kundengruppen mit großem Kreditvolumen nicht mehr bedient werden. Dies führt zu dem Verlust dieser Segmente. Wie von der Gruppendiskussion hervorgehoben wurde, sind dadurch bis zu 70 % des Geschäftsvolumens betroffen.

18 Eigene Darstellung

Bei dem Baustein *Kundenbeziehungen* werden sich v.a. durch Filialschließungen negative Auswirkungen bemerkbar machen. Die Reduzierung der Geschäftsstellen wird erwartet, da aufgrund der steigenden Kosten ein breites Filialnetz nicht mehr tragbar ist. Dies führt laut Meinung der Experten auch zu einer weniger persönlichen Beziehungen der Genossenschaftsbanken zu ihren Kunden. Trotz eines verstärkten Online-Vertriebs werden Qualität und Intensität der Kundenbeziehungen durch die Regulierung nachteilig beeinflusst.

Im Baustein Kanäle führen die bereits genannten Filialschließungen führen zu einer Zunahme des Online-Banking. Dies beeinträchtigt wiederum den regionalen Charakter genossenschaftlicher Banken. Gemäß der Expertendiskussion ist dadurch keine einfache Substitution der Filialen durch Online-Kanäle möglich.

Die Gruppendiskussion zeigte ferner, dass die Regulierungen im Bausteine *Schlüsselaktivitäten* zu zahlreichen ungewollten Aktivitäten führen. Derartige Aktivitäten werden von den Experten als „unproduktiver Arbeitszeit der Mitarbeiter" eingestuft, deren Umfang deutlich zunimmt.

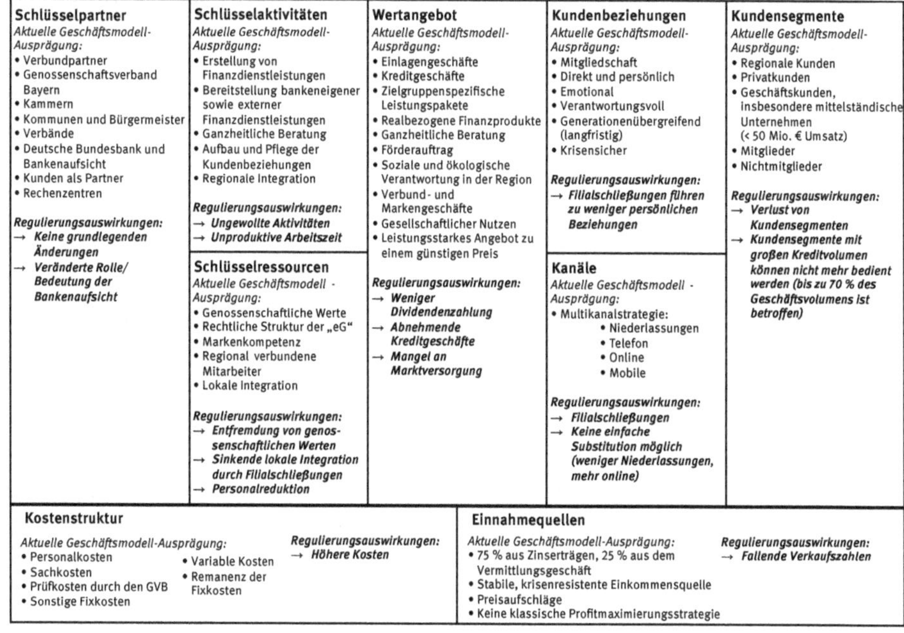

Abbildung 3.3: Geschäftsmodell von Genossenschaftsbanken und Auswirkungen durch die Regulierungen[19]

19 Eigene Darstellung

Baustein *Schlüsselressourcen*: Aufgrund der steigenden finanziellen Belastungen durch die Regulierungen sehen die Experten die zwingende Notwendigkeit zur Personalreduktion und zur Aufgabe ganzer Geschäftszweige. Im Allgemeinen führt die Entfremdung von den genossenschaftlichen Werten und der regionalen Integration zu einer verringerten Wettbewerbsfähigkeit auf dem Markt und damit zu einem Verlust des wichtigsten Alleinstellungsmerkmals der Genossenschaftsbanken.

Baustein *Schlüsselpartner*: Aus Sicht der Experten ergeben sich auf Seiten der Schlüsselpartner keine grundlegenden Änderungen. Es wird aber erwartet, dass sich die Rolle und Bedeutung der Bankenaufsicht verstärken wird.

Baustein *Kostenstruktur:* Die Kostenseite ist durch Regulierungen in großem Maße beeinflusst, da die Implementierung stets von zusätzlichen Ausgaben begleitet wird, und zwar für Tätigkeiten, die die Experten als „nicht-wertschöpfend" einstufen.

Im Zusammenhang mit den *Einnahmequellen* wird das Geschäftsmodell von Kreditgenossenschaften durch fallende Geschäftsvolumina aufgrund des Verlusts von Kundensegmenten bedroht. In Kombination mit den unvermeidbaren Kosten, die durch die Finanzmarktregulierung entstehen, und aufgrund der Fixkostenremanenz führt dies ggf. sogar zu einem Verlust der Profitabilität.

Die – durchweg negativ eingestuften – Auswirkungen der Finanzmarktregulierung auf das Geschäftsmodell der Genossenschaftsbanken sind in der vorstehenden Abbildung 3.3 noch einmal zusammengefasst.

4 Quantitative empirische Studie

4.1 Ziele der quantitativen Studie

Wie Abbildung 4.1 zu entnehmen ist, folgte nach der qualitativen Studie eine quantitative Online-Umfrage, dem Prinzip der Triangulation folgend. Diese Form wurde gewählt, da schriftliche Umfragen es ermöglichen, eine große Anzahl von Befragten in einer vergleichsweise kurzen Zeit zu erreichen.[1]

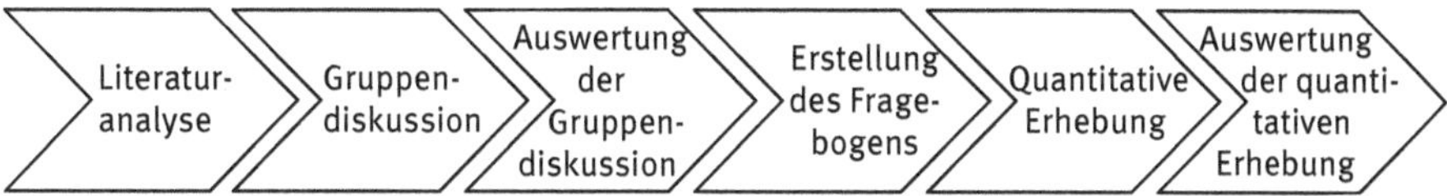

Abbildung 4.1: Vorgehensweise der empirischen Untersuchung[2]

Das Ziel der quantitativen Untersuchung ist es, die Ergebnisse der Gruppendiskussion zu überprüfen und zu quantifizieren.[3] Obwohl die Diskussionsrunde aus qualifizierten Experten bestand, erschien eine weitläufige Befragung von Vorteil. Insbesondere sollten in einer quantitativen Studie Informationen bezüglich der Eindrücke und des Wissensstandes der unterschiedlich großen Kreditinstitute gesammelt werden.

Des Weiteren war es ein Ziel, zusätzliche Erkenntnisse aus einer größeren Stichprobe zu gewinnen.[4] So sollte die Befragung u.a. ermitteln, welche Maßnahmen seitens der Banken bisher unternommen wurden, um negative Folgen der Finanzmarktregulierung zu vermeiden. Ebenfalls sollte das von der Gruppendiskussion erarbeitete Geschäftsmodell und dessen Entwicklung durch die Regulatorik in einer größeren Stichprobe überprüft werden.

Die quantitative Untersuchung richtete sich an Kreditgenossenschaften in Deutschland, um aussagekräftige Ergebnisse bezüglich der finanzregulatorischen Herausforderungen zu erhalten. Hierbei sollten vor allen Dingen Personen in höheren Positionen, wie Vorstände, befragt werden. Bei diesem Personenkreis wurden umfangreiche Kenntnisse über das Geschäftsmodell und die Regulierungen angenommen.

1 Atteslander, 2010
2 Eigene Darstellung
3 Kelle, Erzberger, 2005; Kühn, Koschel, 2011; Lamnek, 1995
4 Kelle, Erzberger, 2005; Kühn, Koschel, 2011; Lamnek, 1995

DOI 10.1515/9783110487589-004

4.2 Erhebungsdesign der Studie

4.2.1 Fragebogenkonstruktion

Die Erhebung der Daten für die quantitative Analyse erfolgte als Primärerhebung. Hierfür wurde eine schriftliche Online-Befragung gewählt. Diese weist spezifische Merkmale auf, die für die Durchführung der Untersuchung von Vorteil waren. So ermöglicht ein Online-Fragebogen eine ausführliche schriftliche Befragung, die relativ einfach über die Zusendung eines feststehenden Links verbreitet werden kann und im Vergleich zu ausgedruckten Papierfragebögen kostengünstiger ist. Daneben ermöglicht sie den Teilnehmern eine zeitlich und örtlich unabhängige Teilnahme. Hierfür wurden Zugänge per Tablet und Smartphone eingerichtet. Hinzu kommt, dass bei der Erstellung des Fragebogens größere Abbildungen eingebettet und Filterfragen für die individuelle Befragung genutzt werden können.[5] Die verwendete Online-Software erstellt ein Reporting bzgl. der Teilnahme, wie Zeitpunkt der Teilnahme, Abbruchquote etc., sodass die Wissenschaftler einen umfangreichen Einblick in den Stand der Untersuchung gewinnen können. Für die Erstellung des hier relevanten Fragebogens wurde die akademische Software für Online-Befragungen „Unipark“[6] genutzt.

Der Fragebogen wurde mithilfe einer Orientierung an der Fachliteratur[7] erstellt. Hierbei wurde insbesondere auf eine sinnvolle Reihung der Fragen geachtet, um den Teilnehmer „an die Hand zu nehmen“. Der verwendete Fragebogen bestand aus insgesamt sieben Seiten und hatte eine Umfragedauer von ca. 20 Minuten vorgesehen. Um die Befragten auf die Beantwortung der Fragen thematisch vorzubereiten, wurde zu Beginn ein Anschreiben angezeigt. Dieses enthielt die Erläuterung der Motivation der Untersuchung seitens der Universität, eine kurze Beschreibung der thematischen Ausgangssituation und Explikationen zur Beantwortung des Online-Fragebogens. Im Fragebogen selbst wurde eine Fortschrittsanzeige, welche den Anteil der beantworteten Fragen in Relation zu der Gesamtheit aller Fragen anzeigte, eingebettet, um den Verlauf der Befragung für die Teilnehmer kenntlich zu machen.

Der Fragebogen basierte, wie schon erwähnt, auf den Ergebnissen der zuvor beschriebenen Gruppediskussion. Er bestand aus fünf thematischen Teilbereichen. Im ersten Teil wurden allgemeine Informationen über die befragten Personen und den jeweiligen Kreditinstituten, die sie repräsentieren, erfasst. Um einen frühzeitigen Abbruch bei diesen sensiblen Fragen zu vermeiden, wurde im Vorfeld auf die

5 Atteslander, 2010; Diekmann, 2008

6 Für weitere Informationen zu Unipark wird auf die Homepage verwiesen: http://www.unipark.com/de/

7 Diekmann, 2010; Hague, 1993; Schnell, Hill, Esser, 2008; Sudman, Blair, Wansink, 2004

Anonymität hingewiesen. In dem zweiten Teil wurden die einzelnen Finanzmarktregulierungen, die durch die Gruppendiskussion als relevant identifiziert worden waren, in alphabetischer Reihenfolge aufgelistet. An dieser Stelle wurden die Befragten gebeten, diese anhand der Relevanz für ihre Bank zu bewerten. Hierfür fand eine Likert-Skala von 1 (keine Relevanz) bis 5 (sehr hohe Relevanz) Verwendung. Der dritte Teilbereich beschäftigte sich mit den Auswirkungen der bewerteten Regulierungen auf das Geschäftsmodell der genossenschaftlichen Kreditinstitute. An dieser Stelle wurde das von der Gruppendiskussion erarbeitete Geschäftsmodell eingebettet. Das Ziel dieser Vorgehensweise war die fokussierte Betrachtung des Geschäftsmodells und seiner einzelnen Teilbereiche. Diese Darstellung sollte eine präzise Beantwortung der Fragen zu den Auswirkungen auf das Geschäftsmodell ermöglichen. In dem anschließenden vierten Teil des Fragebogens wurden zusätzliche Fragen zu den Kosten aufgenommen. Dies begründet sich in deren hervorgehobener Bedeutung als Folge der steigenden Finanzmarktregulierung. Im fünften Abschnitt werden die befragten Personen gebeten, Auskunft über bisher getätigte Maßnahmen, potenzielle neue Geschäftsfelder und eventuell erwartete Wettbewerbsverzerrungen als Folge der Regulierungen zu geben.

Der komplette Fragebogen ist im Anhang wiedergegeben.

4.2.2 Pretest

Nach der primären Konstruktion des Online-Fragebogens wurde dieser einem Pretest unterzogen. Diese Vorgehensweise dient der Sicherstellung einer hohen Qualität der Befragung.[8] Im Rahmen eines Pretests werden dabei die Verständlichkeit der formulierten Fragen, der Schwierigkeitsgrad der gestellten Fragen, der rote Faden innerhalb der Befragungsstruktur, das Interesse und die Aufmerksamkeit des Teilnehmers und die zeitliche Beanspruchung für die Beantwortung der Fragen überprüft.[9] Aus diesem Grund wurde der erarbeitete Fragebogen vor der tatsächlichen Erhebung einem zweistufigen Pretest unterzogen.

In einem ersten Schritt wurde ein qualitativer Pretest durchgeführt. Dabei wurde der Fragebogen zum einen mit einem Experten für Bankenwesen des Forschungsinstituts für Genossenschaftswesen an der Universität Erlangen-Nürnberg[10] diskutiert. Zum anderen wurde der Fragebogen einem hochrangigen Vertreter des GVB (München) zur Überprüfung übermittelt. Dieser Pretest diente der Sicherstellung

8 Raab-Steiner, Benesch, 2010

9 Schnell et al., 2008

10 Weitere Informationen zu dem Forschungsinstitut für Genossenschaftswesen an der Friedrich-Alexander-Universität Erlangen-Nürnberg finden sich auf der folgenden Internetseite: http://www.genossenschaftsinstitut.de

der Verständlichkeit der einzelnen Fragen, der korrekten Darstellung der Abbildung des Geschäftsmodells der Genossenschaftsbanken, der Verwendung von korrekten bankspezifischen Fachbegriffen und der sinnvollen Anordnung der Fragen. Darüber hinaus sollte überprüft werden, ob die zur Auswahl stehenden Spannen bezüglich der Kostensteigerungen durch die Finanzmarktregulierung realistisch sind. Letztlich diente dieser Pretest der Einschätzung des Grades der Sensibilität einzelner Fragestellungen sowie der technischen Bedienbarkeit der Online-Umfrage. Im Anschluss des Pretests dienten die Anmerkungen der Tester als Grundlage für Modifikationen des Fragebogens.

Die zweite Stufe bestand aus einem quantitativen Pretest. Hierfür wurden wissenschaftliche Mitarbeiter der Friedrich-Alexander-Universität Erlangen-Nürnberg gebeten, sich in die Rolle eines Befragten zu versetzen und die Online-Befragung durchzuführen. Von großer Bedeutung hierbei war die Beantwortung des Fragebogens ohne Unterbrechung, um den zur Durchführung notwendigen zeitlichen Umfang messen zu können. Die zeitliche Spanne lag hierbei zwischen 17 Minuten und 22 Minuten, sodass in der tatsächlichen Befragung eine voraussichtliche Inanspruchnahme von ca. 20 Minuten als realistisch betrachtet werden konnte. Im Nachgang der Durchführung wurden mit den Teilnehmern deren Anmerkungen diskutiert. Da es hierbei keine Verbesserungsvorschläge gab, bestand keine Notwendigkeit einer weiteren Anpassung des Fragebogens.

4.3 Durchführung der quantitativen Studie

Die Feldzeit der vorliegenden quantitativen Umfrage erstreckte sich vom 9. Februar 2015 bis zum 1. März 2015. Der Online-Fragebogen war in diesem Zeitraum unter der URL-Adresse: http://www.unipark.de/uc/Regulierung/ zugänglich. Der Link zur Online-Umfrage wurde gemäß dem Pull-Verfahren auf die Intranet-Seite des GVB gestellt. Somit hatten alle 281 bayerischen Kreditgenossenschaften Zugang zu dem Link und damit auch zu der Online-Umfrage.

Nach dem Öffnen des angegebenen Links zur Umfrage erreichte die Teilnehmer eine Begrüßungsseite. Auf dieser wurden die thematischen Schwerpunkte und die Struktur der Befragung dargestellt. Des Weiteren wurde der wissenschaftliche und unabhängige Charakter der Untersuchung hervorgehoben und auf den Lehrstuhl für Industrielles Management der Friedrich-Alexander-Universität Erlangen-Nürnberg, der die Studie durchführte, verwiesen. Im Anschluss an diese Begrüßungsseite gelangten die Studienteilnehmer zur ersten Seite des Fragebogens, welcher in seiner Ausführlichkeit bereits im vorangegangen Kapitel 4.2.1 erläutert wurde. Nach Abschluss der Feldzeit wurden die generierten Daten in das Statistikprogramm SPSS überführt und ausgewertet. Die Ergebnisse der Befragung werden im folgenden Kapitel vorgestellt.

4.4 Beschreibung der Stichprobe

Von den 281 möglichen Teilnehmern haben 161 Personen den Link zu der Umfrage aufgerufen. Jedoch waren nur 86 Personen bereit, an der Umfrage zu partizipieren. Dies entspricht einer Rücklaufquote von 30,6 %. An dieser ursprünglichen Stichprobengröße wurde eine Datenbereinigung durchgeführt. Diese sollte diejenigen Teilnehmer herausfiltern, die elementare Fragen nicht beantwortet bzw. den Fragebogen nicht bis zum Ende ausgefüllt haben. Insgesamt konnten aus dieser Gesamtheit 40 verwertbare Fragebögen identifiziert werden, was einer Rücklaufquote von 14,2 %, zu der Grundgesamtheit von 281 Banken entspricht. Auch wenn dies eine vergleichsweise niedrige Rate zu anderen empirischen Untersuchungen darstellt, so ist die Repräsentativität der Umfrage dennoch gegeben, da die Befragten eine homogene Gruppe bilden.[11]

Weitere Charakteristika der Stichprobe ergeben sich aus Tabelle 4.1.

Tabelle 4.1: Charakterisierung der Studienteilnehmer[12]

Merkmal	**Ausprägung**	**Häufigkeit Absolut**	**Häufigkeit Prozent**
Geschlecht	Weiblich	1	2,5
	Männlich	40	97,5
Alter	Bis 30	3	7,5
	31–40	12	30
	41–50	8	20
	51–60	8	20
	Über 60	9	22,5
Beschäftigungsdauer	Unter einem Jahr	1	2,5
	1–5 Jahre	4	10
	6–10 Jahre	9	22,5
	11–15 Jahre	11	27,5
	Mehr als 15 Jahre	15	37,5
Position	Vorstandsvorsitzender	8	20
	Mitglied des Vorstands	13	32,5
	Aufsichtsratsvorsitzender	0	0
	Mitglied des Aufsichtsrats	0	0
	Geschäftsstellenleiter	0	0
	Andere Position	19	47,5
Stelle außerhalb aktueller Bank	Ja, innerhalb anderer Bank	12	30
	Ja, außerhalb einer Bank	5	12,5
	Nein	23	57,5

11 Atteslander, 2010

12 Eigene Darstellung

Die Stichprobe der vorliegenden quantitativen Untersuchung besteht aus Repräsentanten von 40 Genossenschaftsbanken. Hierbei sind 39 Personen männlich und eine Person weiblich. Hinsichtlich des Alters der Befragten, lässt sich eine Verteilung in allen Altersgruppen erkennen. So sind 7,5 % bis 30 Jahre alt und 30 % sind zwischen 31–40 Jahre alt. Je 20 % sind in den Altersklassen 41–50 bzw. 51–60 Jahre anzusiedeln, während 22,5 % über 60 Jahre sind. Hinsichtlich der Beschäftigungsdauer überwiegt eine langjährige Beschäftigung und somit auch Berufserfahrung in der Bankenbranche. So sind lediglich 2,5 % unter einem Jahr beschäftigt, während 37,5 % der Befragten eine Beschäftigungsdauer von über 15 Jahren aufweist. Die restlichen Teilnehmer verteilen sich auf die mittleren Jahre.

Tabelle 4.2: Charakterisierung der befragten Banken[13]

Merkmal	Ausprägung	Häufigkeit Absolut	Häufigkeit Prozent
Bilanzsumme	Bis 100 Mio. EUR	5	12,5
	101–250 Mio. EUR	4	10
	251–500 Mio. EUR	13	32,5
	501–750 Mio. EUR	8	20
	751–1000 Mio. EUR	6	15
	Über 1000 Mio. EUR	4	10
Anzahl Angestellte	6–10	1	2,5
	11–25	5	12,5
	26–50	2	5
	51–100	10	25
	Mehr als 100	22	55
Anzahl Kunden	Bis 10.000	10	25
	10.001–25.000	12	30
	25.001–50.000	10	25
	50.001–100.000	6	15
	Über 100.000	2	5
Anzahl Mitglieder	Bis 5.000	11	27,5
	5.001–10.000	11	27,5
	10.001–25.000	12	30
	25.001–50.000	4	10
	Über 50.000	2	5

Befragt nach einer Stelle außerhalb der derzeitigen Bank, können 57,5 % keine Stelle außer der jetzigen benennen. Von den restlichen Befragten, waren 30 % bereits bei einer anderen Bank und 12,5 % außerhalb einer Bank tätig. Die derzeitige Position in

13 Eigene Darstellung

der Bank gliedert sich in 20 % Vorstandsvorsitzende, 32,5 % Mitglieder des Vorstandes und 47,5 % andere leitende Funktionen.

Neben den Angaben zu der teilnehmenden Person wurde auch nach Angaben der teilnehmenden Bank gefragt, um ein möglichst umfangreiches Bild der Stichprobe zu erhalten.

So weisen 12,5 % der teilnehmenden Banken ein Gesamtvermögen von weniger als 100 Millionen Euro und 10 % ein Gesamtvermögen zwischen 101 und 250 Millionen Euro aus. Die größte Gruppe (32,5 %) besteht aus Banken mit einer Bilanzsumme von 251–500 Millionen Euro. 20 % verfügen über ein Vermögen von 501–750 Millionen Euro, 15 % verfügen über 751–1.000 Millionen Euro. Schlussendlich geben 10 % eine Bilanzsumme von über 1.000 Millionen Euro an.

Mehr als die Hälfte der befragten Finanzinstitute (55 %) beschäftigt über 100 Angestellte, während 25 % 51–100 Angestellte aufweisen. 12,5 % haben 11–25, 5 % haben 26–50 und 2,5 % lediglich 6–10 Angestellte in der Bank. Befragt nach der Anzahl an Kunden, so geben 25 % an, dass sie bis zu 10.000 Kunden bedienen. 30 % bedienen zwischen 10.001–25.000, 25 % zwischen 25.001–50.000, 15 % 50.001–100.000 und 5 % über 100.000 Kunden. Neben den Kunden wurde auch nach der Anzahl der Mitglieder der Genossenschaftsbank gefragt. An dieser Stelle geben jeweils 27,5 % an, dass sie bis 5.000 bzw. 5.001–10.000 Mitglieder haben, während 30 % 10.001–25.000 Mitglieder akquirieren konnten. Die restlichen 10 bzw. 5 % haben zwischen 25.001–50.000 bzw. über 50.000 Mitglieder. Tabelle 4.2 fasst die deskriptiven Merkmale der befragten Banken nochmal zusammen.

4.5 Ergebnisse der quantitativen Studie

Die weiteren Ergebnisse der vorliegenden empirischen Untersuchung wurden mittels der Häufigkeitsanalyse ausgewertet. Diese eignet sich zum einen, wenn die Anzahl der Nennungen einen Indikator für die Bedeutung der genannten Inhalte darstellt. Zum anderen wird diese Analyseform angewendet, wenn die untersuchten Inhalte direkt miteinander verglichen werden sollen.[14] Zur Auswertung wurde das Statistikprogramm SPSS in der Version 23 herangezogen.

4.5.1 Bedeutung der einzelnen Regulierungen

Bei Betrachtung der Auswirkungen der Regulatorik in deren Gesamtheit erkennen insgesamt 90 % der Teilnehmer eine starke (40 %) oder sehr starke Auswirkung (50 %) auf den genossenschaftlichen Bankensektor. Nur 2,5 % der Befragten sehen

---

14 Holsti, 1968

keinerlei Auswirkungen. Die Ausprägungen mittlere bzw. niedrige Auswirkungen erhielten keine Nennung. Abbildung 4.2 stellt dieses Ergebnis grafisch dar.

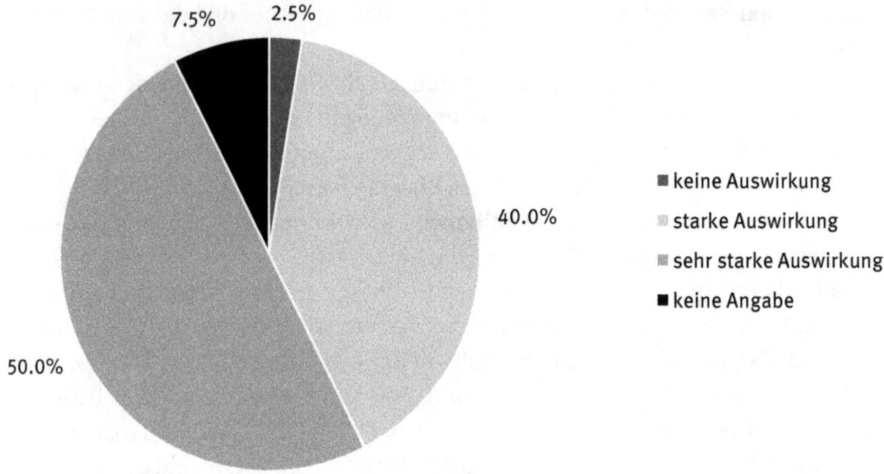

Abbildung 4.2: Einschätzung zur Auswirkung Regulatorik[15]

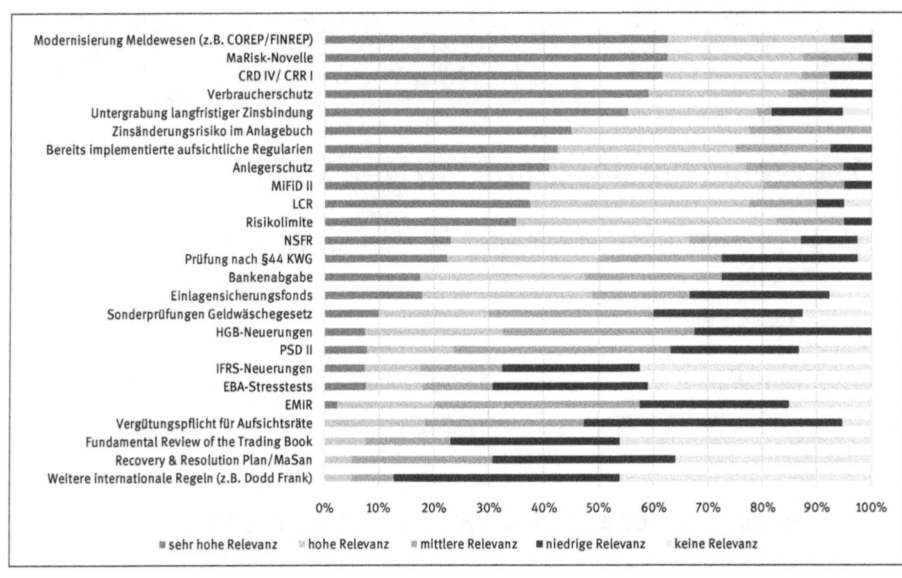

Abbildung 4.3: Bedeutung einzelner Regularien (Quantitative Studie; N = 40)[16]

15 Eigene Darstellung

16 Eigene Darstellung

Bei spezifischer Untersuchung der einzelnen Regulierungen, welche in der vorangegangen Gruppendiskussion identifiziert wurden, können die ursprünglich genannten Regulierungen bestätigt werden. Wie Abbildung 4.3 zeigt, sind die Regulierungen absteigend nach ihrer Relevanz für die Kreditgenossenschaften sortiert.

Die drei Regulierungen Modernisierung des Meldewesens, wie z. B. COREP/FINREP, Minimalanforderungen an das Risikomanagement (MaRisk-Novelle) und CRD IV/CRR I wurden von mehr als 60 % der Befragten mit einer sehr hohen Relevanz bewertet. Somit nehmen sie die obersten Plätze im Ranking ein. Des Weiteren spricht über die Hälfte der Befragten dem Verbraucherschutz und der Untergrabung langfristiger Zinsbindung eine sehr hohe Relevanz zu. Der Mehrheit der Regulierungen wird eine hohe bzw. mittlere Bedeutung zugesprochen. So wurde u.a. den Regulierungen NSFR und speziellen Audit-Aufnahmen gemäß §44 des Bank Act ein moderater Einfluss zuerkannt. Uneinigkeit unter den Befragten herrschte hingegen bzgl. der IFRS-Neuerungen und der EBA-Stresstests. Nahezu 10 % diagnostizieren hier eine sehr hohe Relevanz, wohingegen über 40 % der Befragten keine Relevanz sehen. Eine niedrige oder keine Relevanz kann der verbindlichen Entlohnung für Mitglieder des Aufsichtsrates, der grundlegenden Überarbeitung des Handelsbuches oder dem Sanierungs- und Abwicklungsplan/MaSan seitens der Teilnehmer zugeschrieben werden.

4.5.2 Auswirkungen der Regulierung auf das Geschäftsmodell

In einem nächsten Schritt wird der Einfluss der Finanzmarktregulierung auf die einzelnen Bausteine des Geschäftsmodells von Genossenschaftsbanken näher betrachtet (zur Erläuterung der einzelnen Bausteine s. Abschnitt 2.2). Auf den ersten Blick ist ersichtlich, dass Veränderungen in allen neun Bausteinen erwartet werden, wie Abbildung 4.4 verdeutlicht. Die Ergebnisse der quantitativen Untersuchung seien im Folgenden anhand der Bausteine des Geschäftsmodells näher erläutert:

Bezogen auf das *Wertangebot* der Banken sieht nahezu die Hälfte der Befragten (48 %) eine starke Auswirkung. Eine sehr starke Auswirkung wird von 23 % erwartet, während eine mittlere bzw. geringe Auswirkung von 13 % bzw. 8 % angenommen wird.

Bei näherer Betrachtung des Bausteins *Kundensegmente* wird ersichtlich, dass 35 % eine geringe Auswirkung erwarten. 23 % geben mittlere und 20% starke Auswirkungen an, wohingegen 8 % sehr starke Auswirkungen in diesem Bereich erwarten. Lediglich 5 % der Befragten sehen hier keine nachteiligen Folgen der Finanzmarktregulierung.

Für die Blöcke *Kundenbeziehungen* und *Kanäle* ist eine ähnliche Bewertung erkennbar. Die meisten Teilnehmer, genauer 35 %, erkennen für die Beziehung zu ihren Kunden eine mittlere Auswirkung. Dies wird gefolgt von einem starken Einfluss, den 23 % sehen, und einem sehr starken, den 15 % erwarten. Ein Zehntel der

Stichprobe erkennt eine geringe Auswirkung und 8 % keine Veränderung in diesem Baustein.

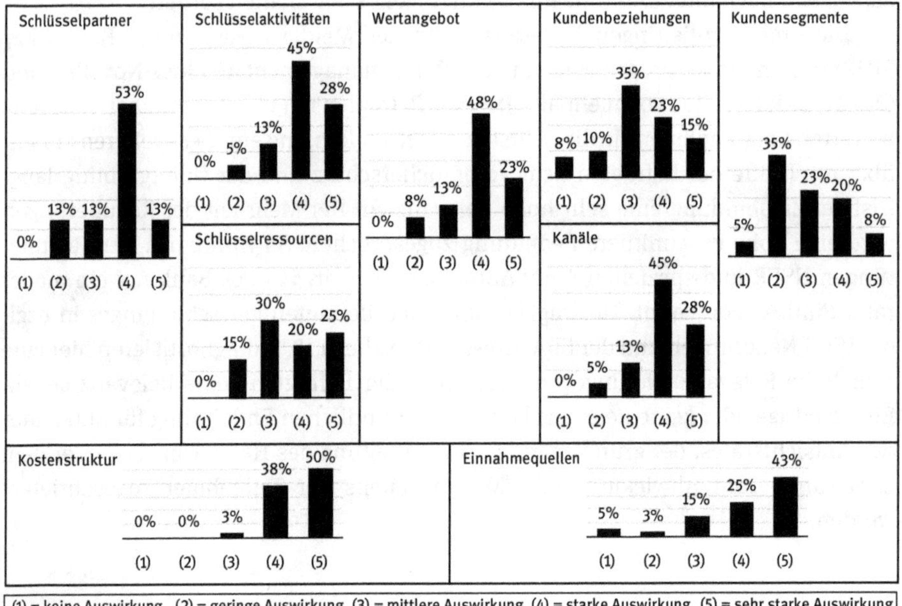

Abbildung 4.4: Einfluss von Regulierungen auf das Geschäftsmodell[17]

In Bezug auf die *Kanäle*, also der Art und Weise der Kommunikation mit den Kunden, ergibt sich ein sehr ähnliches Bild. Hier erwarten 13 % mittlere, 45 % starke und 28 % sehr starke Auswirkungen, während 5 % noch eine geringe Auswirkung antizipieren.

Im Bereich der *Schlüsselpartner* sehen 53 % der Befragten einen starken Einfluss der Regulierung. In Kombination mit der Ausprägung „sehr starker Einfluss" erkennen insgesamt zwei Drittel der Teilnehmer spürbare Wirkungen auf diesen Baustein. Jeweils 13 % sehen hingegen nur eine geringe bzw. mittlere Auswirkung.

Im Fall der *Schlüsselaktivitäten* lässt sich erkennen, dass die meisten Teilnehmer von starken (45 %) oder sehr starken (28 %) Auswirkungen ausgehen. Eine geringere Prozentanzahl von 13 % sieht eine mittlere Auswirkung in Bezug auf diese Aktivitäten und 5 % nur eine geringe Auswirkung.

Verglichen mit den anderen Bausteinen zeigen die Antworten in Bezug auf die *Schlüsselressourcen* ein relativ ausgewogenes Bild. Ein Viertel der Teilnehmer

17 Eigene Darstellung

bewertet den Einfluss als sehr stark. Die Hälfte der Befragten erwartet mittlere oder starke Auswirkungen und 15 % nur geringe Folgen in diesem Bereich.

Bezüglich der *Umsatzerlöse* der Bank ist ein klares Bild erkennbar: 43 % der Befragten erwarten eine sehr starke und weitere 25 % eine starke Reduzierung der Umsätze der Bank. 15 % hingegen sehen eine mittlere, 3 % eine geringe und 5 % keine Auswirkung in diesem Block des Geschäftsmodells.

Neben den Erlösen der Bank ist die *Kostenstruktur* ein zentraler Faktor. Keiner der Befragten gab hier an, keinen oder nur einen geringen Einfluss zu erwarten. Die überwiegende Mehrheit von 88 % erwartet hingegen einen starken (38 %) oder sehr starken (50 %) negativen Einfluss. Lediglich 3 % sehen die Auswirkung auf die Kosten als moderat an.

Bisher wurden die Auswirkungen auf die einzelnen Bausteine des Geschäftsmodells betrachtet. In einem weiteren Befragungsschritt ging es darum, die Art und Stärke der Auswirkungen der Finanzmarktregulierung auf das Geschäftsmodell zu präzisieren, und zwar mit Bezug auf die einzelnen Bausteine des Geschäftsmodells. Diese können Abbildung 4.5 entnommen werden.

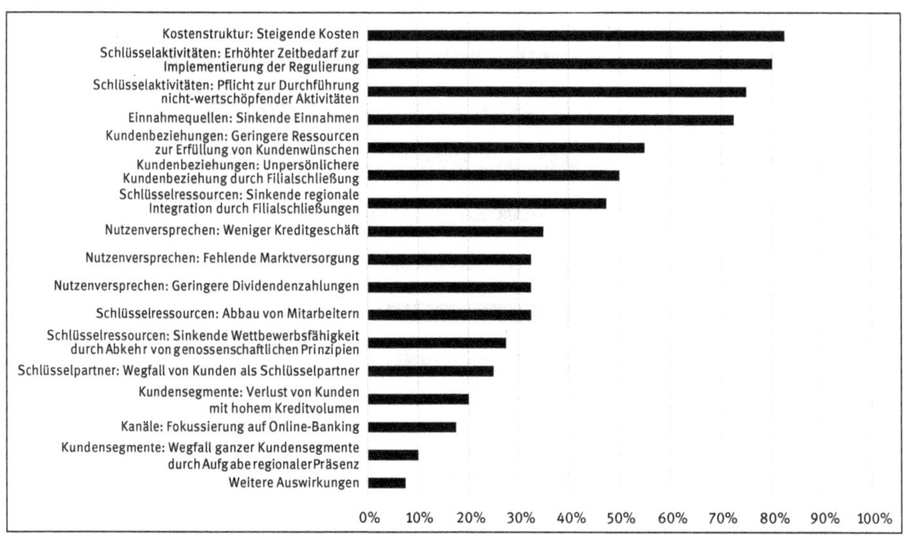

Abbildung 4.5: Zustimmung zu konkreten Auswirkungen auf die einzelnen Bausteine des Geschäftsmodells[18]

Die höchste Zustimmung ist hierbei im Block der Kostenstruktur gegeben, da 82,5 % „steigenden Kosten“ zustimmen. 80 % bzw. 75 % sieht in dem Bereich Schlüsselaktivitäten Veränderungen, im Speziellen durch „erhöhten Zeitbedarf zur Implementierung

18 Eigene Darstellung

der Regulierung“ bzw. aufgrund der „Pflicht zur Durchführung nicht-wertschöpfender Aktivitäten“. 72,5 % stimmen der Ausprägung „Sinkende Einnahme“ für den Bereich Einnahmequellen zu.

Mehr als die Hälfte (55 %) der Befragten befürchtet, zu „geringere Ressourcen zur Erfüllung von Kundenwünschen“ als Auswirkung zu sehen, und genau die Hälfte sieht „unpersönliche Kundenbeziehung durch Filialschließung“, bedingt durch die Regulierung, auf sich zukommen. Beide tangieren der Bereich Kundenbeziehungen.

Weitere 47,5 % sehen im Bereich der Schlüsselressourcen eine „sinkende regionale Integration durch Filialschließungen“ als regulierungsbedingte Auswirkung an. Hinsichtlich des Nutzenversprechens der Bank, das sich in „weniger Kreditgeschäft“ auswirken könnte, stimmen 35 % der Studienteilnehmer zu. Jeweils 32,5 % befürchten zusätzlich einen „Abbau von Mitarbeitern“ im Bereich Schlüsselressourcen, eine „geringere Dividendenzahlung“ und eine „fehlende Marktversorgung“ im Feld Nutzenversprechen. Die Zustimmung zu der Aussage „Sinkender Wettbewerb durch Abkehr von genossenschaftlichen Prinzipien“ im Baustein Schlüsselressourcen beträgt 27,5 %.

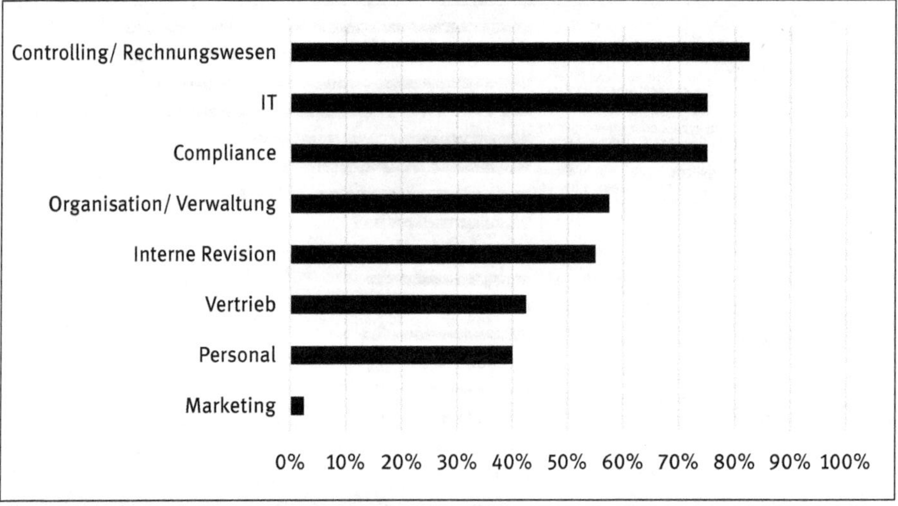

Abbildung 4.6: Zustimmung zu Kostensteigerungen in einzelnen Bereichen der Bank[19]

Ein Viertel der Teilnehmer sieht den „Wegfall der Kunden als Schlüsselpartner“ im selbigen Feld als Auswirkungen an. 20 % gehen im Bereich der Kundesegmente von einem „Verlust von Kunden mit hohem Kreditvolumen“ aus, während 10 % den

19 Eigene Darstellung

„Wegfall ganzer Kundensegmente durch Abbau regionaler Präsenz" befürchten. Weitere 17,5 % sehen zukünftig die „Fokussierung auf Online-Banking" im Bereich Kanäle als Auswirkung der Regulierungen an.

Die Abfrage der Gesamtkostensteigerung durch die Implementierung der Regulierungen zeigt ein deutlich negatives Bild:

Im Allgemeinen wird die Gesamtkostensteigerung relativ hoch bewertet. Nur 2,5 % erwarten eine Erhöhung unter 1 %. Bereits 15 % der Befragten ordnen die Steigerung zwischen 1 % und 2 % ein. Demgegenüber schätzen 35 % der Teilnehmer die Erhöhung auf 2 bis 4 % und sogar 37,5 % erwarten einen Anstieg der Gesamtkosten von über 4 %.

Abbildung 4.6 zeigt die Ergebnisse der Befragung bezüglich der Kostensteigerung in den einzelnen Abteilungen der Kreditgenossenschaften. 82,5 % der Befragten sehen eine Kostensteigerung in dem Bereich Controlling/Rechnungswesen. Jeweils 75 % der Befragten erwarten in den Abteilungen Compliance und IT erhöhte Kosten. Über die Hälfte der Befragten sieht in der Organisation/Verwaltung (57,5 %) und in der Internen Revision (55 %) eine Steigerung der Kosten auf sich zukommen. Der Vertrieb wird laut 42,5 % und der Bereich Personal gemäß 40 % der Befragten ebenfalls mit höheren Kosten belastet. Dahingegen stimmen nur 2,5 % einer Kostensteigerung im Marketing zu, während 10 % Erhöhungen in anderen Bereichen als den genannten erwarten.

4.5.3 Bisherige Maßnahmen und potentielle neue Geschäftsfelder

Hinsichtlich der Frage nach den von den Banken bisher getätigten Maßnahmen, um den regulierungsbedingten Herausforderungen zu begegnen, ergeben die Antworten ein gemischtes Bild. Auffällig ist, dass insgesamt 42 % keine Angaben zu dieser Frage machten. Die Antworten der Befragten wurden bezüglich des thematischen Inhalts gruppiert, um eine übersichtliche Darstellung zu ermöglichen (siehe Abbildung 4.7).

So geben insgesamt 22 % der Teilnehmer an, noch keine konkreten Maßnahmen getätigt zu haben. Demgegenüber wurden Verbesserungen interner Prozesse von 22 % der befragten Banken bereits durchgeführt. Jeweils weitere 22 % nennen die Qualifizierung von Mitarbeitern und die Aufstockung von Personal als zusätzliche bisherige Maßnahmen. 13 % der Befragten geben an, eine Überprüfung von Kostensenkungspotenzialen durchgeführt zu haben. In Ergänzung dazu werden die Durchführung von Arbeitskreisen und die Einschränkung des Angebots von jeweils 9 % genannt. Unter der Kategorie „Sonstiges" sind alle weiteren Maßnahmen zusammengefasst, die jeweils nur von einer Person genannt wurden. Hierunter sind folgende getätigte Maßnahmen zu nennen: Schließung von Geschäftsstellen, Reduzierung der Öffnungszeiten, Überprüfung der Filialen, Verbesserung des Internetauftritts, Implementierung über Projekte, Nutzung der natürlichen Fluktuation zum Personalabbau,

Suche neuer Ertragsquellen, Umsetzung der Verbandsvorgaben, Durchführung eines straffen Projektmanagements, Einführung von Beratungsqualität als EDV-Vorgang sowie Berechnung der Auswirkungen von langfristigen Zinsbindungen auf die Zinsschockkennziffer.

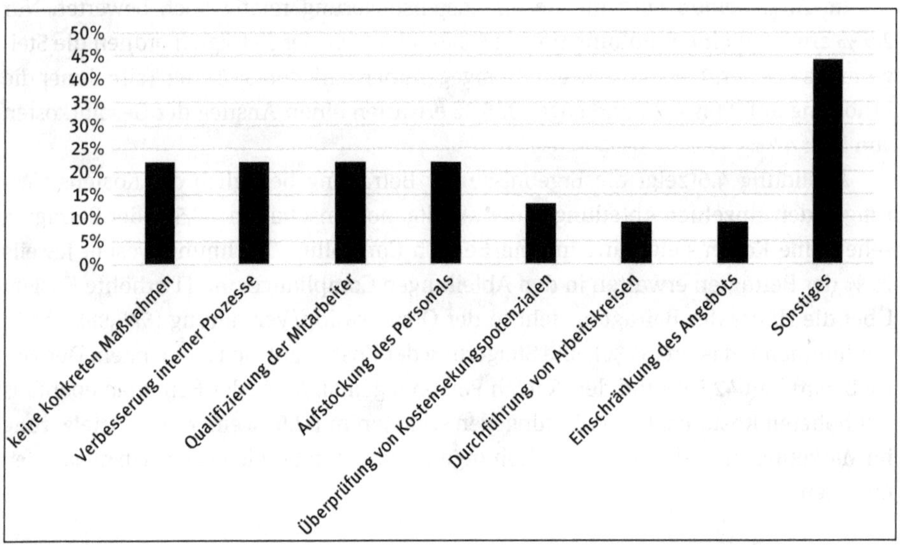

Abbildung 4.7: Bisherige Maßnahmen als Antwort auf die Finanzmarktregulierung[20]

Neben den bereits vollzogenen Maßnahmen wurden die Teilnehmer ebenfalls nach potentiell neuen, zukünftigen Geschäftsfeldern befragt, die sich auf Basis der Regulierung ergeben können. Diese Frage wurde von 37,5 % des Samples beantwortet. Auch an dieser Stelle wurden die Antworten der Befragten thematisch kategorisiert, um eine übersichtliche Darstellung zu ermöglichen (siehe Abbildung 4.8).

Es wird deutlich, dass 33 % keine neuen Geschäftsfelder in Erwägung ziehen. Stattdessen versuchen sie, die bestehenden Tätigkeitsbereiche zu intensivieren. 13 % der Befragten ziehen es in Betracht, Immobilien neu in das Portfolio aufzunehmen. Von 7 % wird eine Direktinvestition in Immobilien angestrebt. In der Kategorie „Sonstiges" sind die Ideen für potenzielle neue Geschäftsfelder aufgeführt, die jeweils nur eine Nennung erfahren haben. Hierunter sind die Erweiterung der Dienstleistung über das klassische Finanzgeschäft hinaus und die Einbeziehung bankfremder Einnahmequellen zu nennen, welche jedoch nicht weiter ausgeführt wurden. Weitere Ideen umfassen Betreuungsvereinbarungen „als family office für den Normalkunden",

---

20 Eigene Darstellung

Kooperationen mit Logistikunternehmen aufgrund des Filialnetzes, Erhöhung des Vermittlungsgeschäfts und die Einführung von „Emo-Banking".

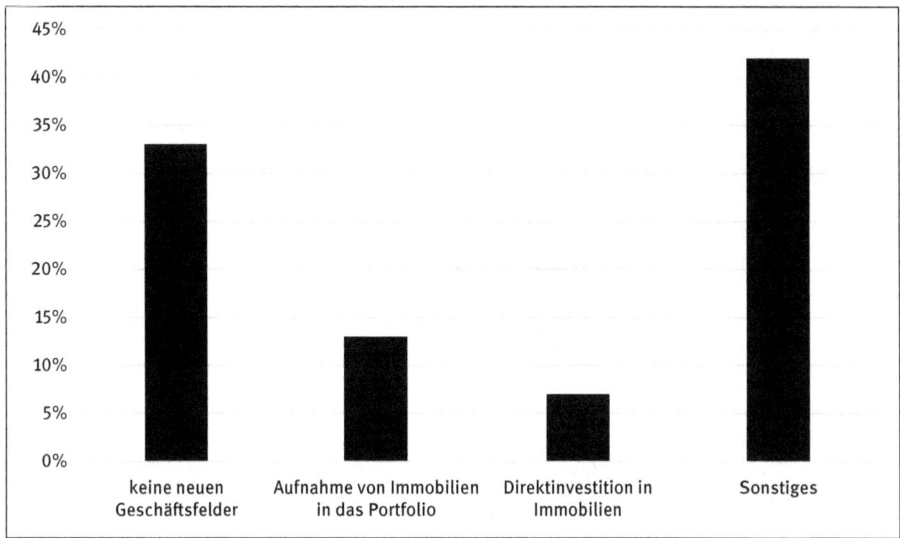

Abbildung 4.8: Potentielle neue Geschäftsfelder[21]

4.5.4 Wettbewerbsverzerrungen

In unserer quantitativen Studie ging es abschließend auch um die Frage, in welcher Weise sich die steigende Finanzmarktregulierung auch auf den Wettbewerb auswirkt. Auf die Frage, ob Wettbewerbsverzerrungen aufgrund der Regulierungen zu erwarten sind, antworteten 75 % mit „ja", während 7,5 % keine Wettbewerbsverzerrungen erwarten. Die restlichen 17,5 % machten keine Angabe (siehe Abbildung 4.9).

Die offen gestellte Frage nach den zu erwartenden konkreten Verzerrungen im Wettbewerb am Bankenmarkt ergab das folgende Meinungsbild:

> *Klassische Wertschöpfung über Zinsergebnis wird deutlich eingeschränkt – Regionalbanken haben gemessen an ihrer Größe höhere Aufwendungen gegenüber den Geschäftsbanken zu leisten.*

> *[...] kleinere Banken mit 100–200 Mio. EUR Bilanzsumme (das sind insbesondere eG's) werden Probleme bekommen, 1.) die immer kurzfristiger umzusetzende Regulatorik zu bearbeiten und 2.) genügend Personal vorzuhalten, um die Regulatorik laufend einzuhalten, was zu Fusionen führt.*

> *Bei größeren Instituten fällt der regulatorische Aufwand pro Kunde deutlich weniger ins Gewicht. Daraus folgt: Die Verursacher der notwendigen höheren Regulatorik profitieren am Ende noch durch Wettbewerbsvorteile aufgrund der Größe.*

---

21 Eigene Darstellung

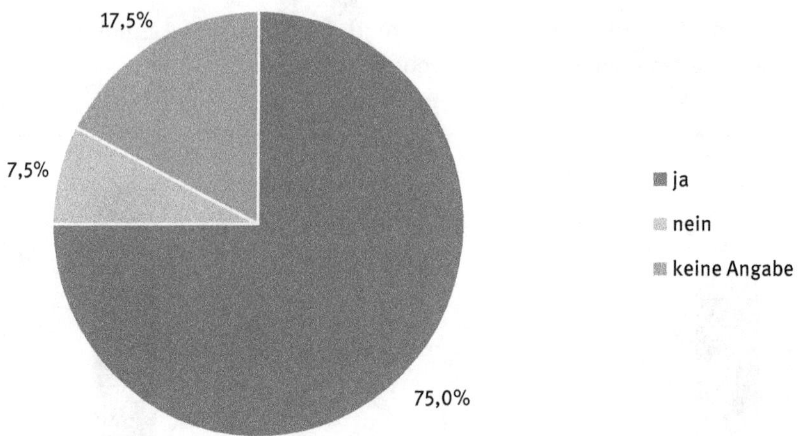

Abbildung 4.9: Wettbewerbsverzerrungen[22]

Der interne Aufwand zur Erfüllung der regulatorischen Anforderungen, welche in einer Vielzahl rein bürokratische Monster ohne Mehrwert für die Gesellschaft als auch den Verbraucher darstellen, ist für ein solch risikoarmes Geschäftsmodell unverhältnismäßig.

Enorm steigende Kosten vor allem im Personal-, aber auch im Sachbereich und dadurch erhebliche Probleme, im Zinsgeschäft konkurrenzfähig zu bleiben (da hier auch künftig der Ertrag erwirtschaftet werden muss).

Fusionen kleinerer VR-Banken, da Regulatorik allein schwer zu bewältigen (personell, Kosten).

Gesunde Primärbanken der genossenschaftlichen Gruppe werden mit Meldewesen, Umsetzungen, Verlautbarungen und Gesetzen überzogen, die analog für die Deutsche Bank gelten, und das bei sehr gesunder Eigenkapital- und Risikostruktur.

Großbanken (z. B. Commerzbank) mit Filialnetz benötigen lediglich eine Abteilung zur Regulatorik. Für VR-Banken ist es schwieriger, da jede VR-Bank selbstständiges Humankapital einsetzen muss, um die regulatorischen Anforderungen umzusetzen.

Große Banken haben es leichter, da der Aufwand groß und relativ unabhängig von der Größe der Bank ist.

Große Banken können sich über das Investmentbanking die erforderlichen Erträge generieren und die Verluste aus dem originären Bankgeschäft mehr als kompensieren. Kampfkonditionen sind am Markt zu erwarten.

Große Einheiten diktieren Preise und Produkte; stark übertriebener Trend zur Digitalisierung; Abbau von Individualität (persönliche Beratung in kleinen Banken vor Ort).

Kleine Banken müssen dieselben Vorgaben erfüllen wie Großbanken.

Kleine, regional verwurzelte VR-Banken werden verschwinden bzw. durch Fusionen in größere Einheiten aufgehen.

22 Eigene Darstellung

Kostennachteile zu Direktbanken, da alle Banken nur noch gleichgeartete Dienstleistungen anbieten können.

[...] mehr Personalbedarf und dadurch zusätzliche Kosten.

Aus den angeführten Aussagen der Befragten lassen sich grundsätzliche Folgen ableiten, die sich auf den Wettbewerb in der deutschen Bankenlandschaft auswirken und hierbei insbesondere genossenschaftliche Kreditinstitute benachteiligen. Es wird deutlich, dass eine unverhältnismäßige Belastung für kleinere VR-Banken erwartet wird. Hier wird hauptsächlich mit einer Erhöhung der Kosten gerechnet. Diese wird vor allen Dingen durch steigenden Personalbedarf und Verwaltungsaufwand begründet. Aufgrund dieser steigenden Belastung werden von einigen der Befragten Fusionen erwartet.

4.6 Implikationen für die Kreditgenossenschaften

Aufgrund der aufgezeigten Herausforderungen sowie der empirisch belegten Geschäftsmodellauswirkungen sind strategische Neuausrichtungen der Kreditgenossenschaften unumgänglich. Aus den zahlreichen empirischen Ergebnissen lassen sich die folgende 13 Handlungsempfehlungen ableiten, die zur Sicherung der Zukunftsfähigkeit der Genossenschaftsbanken erwogen werden sollten.

1. Das Geschäftsmodell von Kreditgenossenschaften ist durch seine besondere Beschaffenheit (wie z. B. das im Vergleich zu anderen Banken sehr dichte Filialnetz oder die hohe Bedeutung von persönlichen Kunde-Bank-Beziehungen) mit vergleichsweise hohen Kosten verbunden. Aufgrund dessen ist eine strategische Ausrichtung im Zuge einer Kostenführerschaft nicht zielführend. Dies würde zur zwingenden Aufgabe der genossenschaftlichen Werte und damit der Identität der Banken führen. Mitunter könnten massive Qualitätseinbußen entstehen, ohne dass die angestrebte Kostenführerschaft garantiert wäre. Entsprechend sollten Genossenschaftsbanken vermehrt eine Differenzierung von anderen Bankengruppen anstreben und den bereits vorhandenen, empirisch vielfach bestätigten Qualitätsvorteil, beispielsweise in der Beratung, deutlicher herausstellen.
2. Einhergehend mit der Differenzierungsstrategie und der damit verbundenen Unterscheidung von anderen Banken, sollten genossenschaftliche Kreditinstitute nach Möglichkeit keine Fokussierung auf eine bestimmte Nische anstreben. Sie sollten eine umfassende Produktpalette in der vollen Breite als Universalbank beibehalten.
3. Kreditgenossenschaften unterliegen durch die Regulierung zweifelsohne einem verstärkten Wettbewerbsdruck (siehe 4.5.4). Genossenschaftsbanken sollten daher eine unnötige Wettbewerbsverschärfung mit Sparkassen vermeiden, da sich beide grundsätzlich in einer ähnlichen Ausgangssituation befinden.[23] Zum

23 Fahrenschon, 2013

Beispiel wird Kreditgenossenschaften empfohlen, Kooperationen mit Sparkassen einzugehen und so vermehrt Konsortialkredite zu vergeben. Dies führt u.a. dazu, dass kleinere genossenschaftliche Kreditinstitute auch weiterhin Kredite in einer Größenordnung vergeben können, die aufgrund der Regulierungsfolgen sonst möglicherweise nicht realisierbar wären. Dies wirkt damit dem von den befragten Genossenschaftsbanken befürchteten Verlust großer Kundensegmente entgegen.

4. Unabhängig von den Regulierungen, die zum heutigen Stand bereits eingeführt bzw. beschlossen sind, können weitere politisch motivierte Eingriffe in den Finanzmarkt nicht ausgeschlossen werden. Aus diesem Grund sollten genossenschaftliche Kreditinstitute bereits in einer möglichst frühen Phase durch intensivere Lobbyarbeit Einfluss auf den Prozess der Entstehung von weiteren Regulierungen nehmen, um negative Folgen abzuschwächen bzw. im Idealfall gänzlich zu verhindern.
5. Die Einführung der Regulierungen großteils nach dem Prinzip „one size fits all" führt zu Verzerrungen des Wettbewerbs. So stellt die Regulatorik für Großbanken, die maßgeblich an der Ursache früherer Finanzkrisen beteiligt waren, eine relativ geringere Belastung dar und stellt diese damit im Vergleich zu den bedeutend kleineren Genossenschaftsbanken besser. Daher sollte aus wettbewerbsrechtlichen Gründen in Betracht gezogen werden, juristisch gegen die Finanzmarktregulierung vorzugehen. Dies stellt selbstverständlich keine Handlungsoption für einzelne Kreditinstitutionen dar, sondern sollte, evtl. auch gemeinsam mit den ebenfalls betroffenen Sparkassen, vom GVB oder BVR angestrebt werden.
6. Insgesamt 18 Millionen Menschen sind Mitglied einer Genossenschaftsbank in Deutschland,[24] dies entspricht ca. 22 % der deutschen Bevölkerung. Dieser gesellschaftliche Einfluss birgt ein enormes Potential, das in einer Demokratie, wenn wirkungsvoll genutzt, von keiner Regierung ignoriert werden kann. Aus diesem Grund sollten Genossenschaftsbanken vermehrt darauf hinwirken, den eigenen Mitgliedern die negativen Folgen der Regulierung verständlich zu machen. Eine solche Mobilisierung der eigenen Mitglieder mündet in einer gewaltigen Kraft im Rücken der Kreditgenossenschaften, die die bereits angesprochenen Lobbyismus-Bemühungen mit Sicherheit weiter stärken können.
7. Eine Folge der Finanzmarktregulierung, die bereits heute zu beobachten ist, ist ein steigender Fusionierungsdruck, um größere Einheiten zu bilden. Dies wird auch in Zukunft insbesondere für sehr kleine Institute eine Option darstellen, um der steigenden Kostenbelastung durch die Finanzmarktregulierung begegnen zu können. Auf diese Weise wird es kleinen Kreditgenossenschaften möglich, die Anforderungen aus der Regulierung effizienter umzusetzen und gleichzeitig den genossenschaftlichen Auftrag bei gleichbleibender Qualität auszuführen.

24 BVR, 2015

8. Einhergehend mit dem steigenden Fusionierungsdruck ist eine Ausdünnung des breiten Filialnetzes in der Fläche zu prüfen. Somit könnte es zukünftig insgesamt weniger Filialen geben, vor allem in ländlichen Gegenden. Diese Folge trifft das regional-verbundene Geschäftsmodell allerdings schwer. Daher wird es für Genossenschaftsbanken unumgänglich, ihre Online-Aktivitäten auszubauen, ohne jedoch die persönliche Bindung zum Kunden zu verlieren. Dadurch kann zugleich der Herausforderung der Digitalisierung pro-aktiv begegnet werden. Hier sollte eine Omni-Kanal-Strategie verfolgt werden, um jeden Kunden und jedes Mitglied erreichen und erfolgreich bedienen zu können. Voraussetzung für einen umfangreichen Ersatz der Filiale im Internet ist ein Ausbau eines schnellen und zugänglichen Internets vor allen Dingen in ländlichen Gegenden – hier ist wiederum die Politik gefordert.
9. Genossenschaftliche Kreditinstitute unterscheiden sich vor allem durch ihre Mitglieder, die nicht nur Kunden, sondern auch Eigentümer der Bank sind. Um die Zukunftsfähigkeit zu sichern gilt es, eine erhöhte Aufmerksamkeit auf die Mitglieder zu richten, die in vielen Fällen mit Nicht-Mitglieds-Kunden gleichgestellt werden. Hier erscheint künftig eine stärkere Differenzierung notwendig. Hierfür sollte verstärkt eine leistungswirtschaftliche Mitgliederförderung erfolgen, wie die Rückvergütung nach Inanspruchnahme der Leistungen. Aufgrund der Folgen der Regulierung könnte mit einer Reduzierung der Dividendenausschüttung gerechnet werden, welche sich jedoch durch andere Vergütungsinstrumente kompensieren lässt. Insbesondere sollten die Bedarfe der Mitglieder deutlicher erkannt und berücksichtigt werden. Über weitere materielle sowie immaterielle Instrumente der Förderung kann sich die Genossenschaftsbank besonders von anderen Finanzinstituten hervorheben und somit einen so genannten Unique Selling Proposition (USP) schaffen. Wichtig ist es, das Mitglied nicht nur als Kunden, der zusätzlich eine Dividende erhält, zu begreifen, sondern als unersetzlichen, wertvollen Teil der Genossenschaft zu sehen.
10. Einhergehend mit der Fokussierung auf die Mitglieder im Sinne der Förderung ist auch ein erhöhtes Mitgliedergeschäft anzustreben. An dieser Stelle ist das Stichwort „Cross-Selling" zu nennen. Die Bank sollte, soweit noch nicht praktiziert, eine Hausbank für das Mitglied darstellen und eine erhöhte Produktpalette anbieten (auch mit verstärkten Innovationsanstrengungen kann also der Finanzmarktregulierung begegnet werden).
11. Der durch die Regulierung entstandene Verwaltungs- und Implementierungsaufwand belastet alle Banken enorm. Vor allem sind jedoch kleinere Institute belastet, die nicht genügend Personal besitzen und demnach außerordentliche Implementierungsschwierigkeiten aufweisen (siehe Kapitel 4.5.2 und 4.5.4). Daher wäre eine strategische Restrukturierung und Spezialisierung der mit der Finanzmarktregulierung verbundenen Schritte denkbar. Genossenschaftsbanken könnten alle diejenigen Funktionen und Verwaltungsaufgaben, die jede Bank zu implementieren hat, auslagern und durch eine zentrale Service-Einheit ausführen lassen.

Diese Art des Outsourcings würde in einer übergeordneten Einheit resultieren, welche die Fähigkeiten besitzt, Regulierungen für alle VR-Banken effizienter als bisher zu implementieren.

12. Der durch die Finanzkrise entstandene Image-Schaden für Großbanken führte zu einem Vertrauensverlust der Kunden. Ganz im Gegensatz dazu haben Kreditgenossenschaften an Vertrauen und Kunden hinzugewonnen, da sie sich durch die solide und vertrauensvolle Arbeit während der Krise und darüber hinaus einen Glaubwürdigkeitsvorteil erarbeiten konnten. Allerdings ist anzumerken, dass dieser Glaubwürdigkeitsvorteil, der als immaterieller Wettbewerbsvorteil angesehen werden kann, nicht genügend genutzt wird. Dieser Wettbewerbsvorteil sollte in strategischen Marketingkampagnen integriert und stärker ausgebaut werden, um zielgerichtet neue Kunden und Mitglieder zu erreichen und die Bindung zu den bestehenden zu stärken.
13. Kreditgenossenschaften bedienen traditionell den Mittelstand bzw. klein- und mittelständische Unternehmen (KMU). Der Mittelstand ist außerordentlich bedeutend für die deutsche Wirtschaft, da über 99 % der deutschen Unternehmen in die Kategorie KMU einzuordnen sind. Mit einer Gefährdung des Geschäftsmodells der genossenschaftlichen Kreditinstitute wird letztlich auch der starke deutsche Mittelstand gefährdet. Damit wird die gesamte deutsche Wirtschaft potenziellen Gefahren ausgesetzt – mit dramatischen, derzeit noch nicht abzuschätzenden Folgen.

5 Szenariobetrachtung zum Zinsänderungsrisiko

5.1 Zinsänderungsrisiko in Banken und regulatorische Eigenkapitalanforderungen

Das Zinsänderungsrisiko in Finanzinstituten umfasst die negativen Einflüsse auf den Perioden- oder den Gesamterfolg, die infolge von Marktzinsänderungen auftreten können. Ganz allgemein lässt sich der Zusammenhang an Hand eines festverzinslichen Wertpapiers illustrieren. Der Marktwert festverzinslicher Wertpapiere hängt neben der Laufzeit, der Kuponhöhe sowie der Rückzahlungsmodalitäten auch vom Marktzins ab. Das Zinsrisiko in Bezug auf eine Änderung des Marktzinses zeigt sich in der Veränderung des Marktwertes des jeweiligen Papiers. Der Preis des festverzinslichen Wertpapiers berechnet sich als Barwert aller künftigen Zahlungsströme. Ein Anstieg des Marktzinses führt zu sinkenden Marktwerten und ein Marktzinsrückgang führt zu steigenden Marktwerten. Das folgende Beispiel zeigt die Kursveränderung einer Anleihe infolge einer Zinssenkung um einen Prozentpunkt über die gesamte Zinsstruktur mit 3 Jahren Laufzeit, einem Kupon in Höhe von 6 % und einer Rückzahlung zum Nennwert am Laufzeitende. Bei der Zinssenkung handelt es sich in diesem Fall um eine Parallelverschiebung der gesamten Zinsstruktur, da der Marktzins über alle Laufzeiten um jeweils 100 Basispunkte sinkt. Durch die Zinssenkung ergibt sich ein Anstieg des Marktpreises von 105,77 auf 108,71.

(1) Aktueller Kurs: $\frac{6}{1,02} + \frac{6}{1,03^2} + \frac{6}{1,04^3} = 105,77$

(2) Kurs nach Marktzinsänderung: $\frac{6}{1,01} + \frac{6}{1,02^2} + \frac{6}{1,03^3} = 108,71$

Viele Bankgeschäfte unterliegen den Einflüssen positiver und negativer Zinsänderungen und wirken sich auf die Ertragssituation der Bank aus. Die Existenz und das Management von Zinsänderungsrisiken ist traditionell ein zentraler Baustein im Geschäftsmodell von Banken.

Kreditinstitute haben die Aufgabe, kurzfristige Einlagen in langfristige Kredite umzuwandeln. Dieses Vorgehen wird auch als Fristentransformation bezeichnet. Kreditnehmer sind im Regelfall an langfristigen und vorab festgelegten Zinssätzen interessiert.

Sparer wollen hingegen möglichst kurzfristig über ihr Geld verfügen können. Banken kommen durch die Bereitstellung der Fristentransformationsfunktion und der damit verbundenen Übernahme von Zinsänderungsrisiken den individuellen Bedürfnissen der einzelnen Kundengruppen nach. Der Beweggrund für die Übernahme von Zinsänderungsrisiken ist die Möglichkeit, Erträge aus der Differenz zwischen langfristigen und kurzfristigen Zinsen zu erzielen. Voraussetzung für die Generierung von Erträgen aus der Fristentransformation ist eine steigende Zinsstrukturkurve. Denn in diesem Zustand liegen die Zinsaufwendungen aus der kurzfristigen Geldaufnahme

DOI 10.1515/9783110487589-005

unter den Zinserträgen, die aus langfristigen Ausleihungen für das gleiche Volumen erzielt werden können.[1]

Die Zinsstrukturkurve beschreibt die Beziehung zwischen Zinsen und ihren Laufzeiten. Eine normale Zinsstruktur liegt dann vor, wenn die Sätze für langfristige Zinsbindungen über denen von kurzfristigen Zinsbindungen liegen. Bei der normalen Zinsstrukturkurve steigt mit zunehmender Laufzeit auch die Höhe der Zinssätze an. Bei einer inversen Zinsstruktur liegen die kurzfristigen Zinssätze über den langfristigen Zinssätzen. Eine flache oder horizontale Zinsstruktur ergibt sich, wenn die Zinssätze für alle Laufzeiten identisch sind.[2] In Deutschland ist in der historischen Betrachtung der Durchschnitt der Zinsstrukturkurven über mehrere Jahre – die mittlere Zinsstruktur – aufwärts gerichtet.[3]

Die in Abbildung 5.1 dargestellte Form der Zinsstruktur macht es den Kreditinstituten durch die bewusste Inkaufnahme von Inkongruenzen in der Zinsbindungsfrist zwischen Aktiv- und Passivgeschäften möglich, die Fristentransformation als Ertragsquelle zu nutzen. Kundeneinlagen mit einer kurzen Laufzeit t werden nur zu einem Zinssatz r verzinst, während die Bank Kredite mit der Laufzeit t+n vergibt, die der Bank einen Zinssatz in Höhe von r+n einbringen. Die Differenz zwischen den Zinssätzen r und r+n entspricht der Bruttomarge der Bank. Allerdings unterliegt der Verlauf permanenten Veränderungen. So könnte sich der gesamte Kurvenverlauf beispielsweise parallel verschieben, verflachen, steiler werden oder drehen.[4]

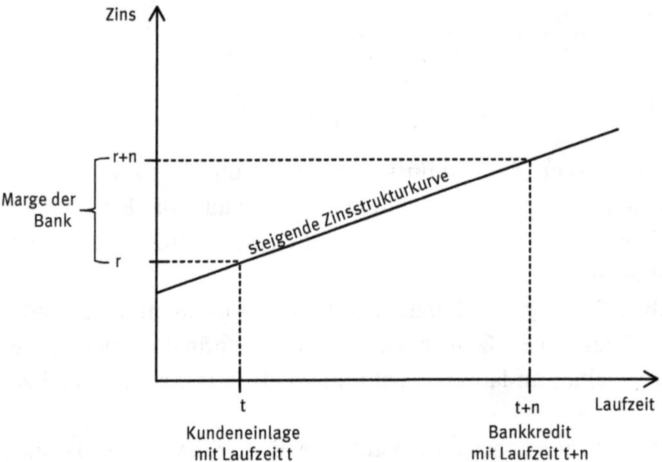

Abbildung 5.1: Beispiel Fristentransformation[5]

1 Becker, Peppmeier, 2011
2 Becker, Peppmeier, 2011
3 Deutsche Bundesbank, 2006
4 Fabozzi, 2007
5 Eigene Darstellung

Abbildung 5.2 zeigt den normalen steigenden Verlauf der Zinsstruktur am Beispiel der Zinsstrukturkurve in den USA zum 21.09.2015. Die Kurve wurde aus den verfügbaren Renditen von US-Staatsanleihen für die Laufzeiten 13 Wochen, 5 Jahre, 10 Jahre und 30 Jahre gebildet.

Um die Zinssätze für Laufzeiten zu erhalten, in denen keine Emissionen stattfinden oder keine Daten verfügbar sind, ist es erforderlich Verfahren zur Interpolation des Zinssatzes zu verwenden. Dementsprechend handelt es sich beispielsweise bei dem Zinssatz für die Laufzeit von 8 Jahren nur um eine Approximation.[6]

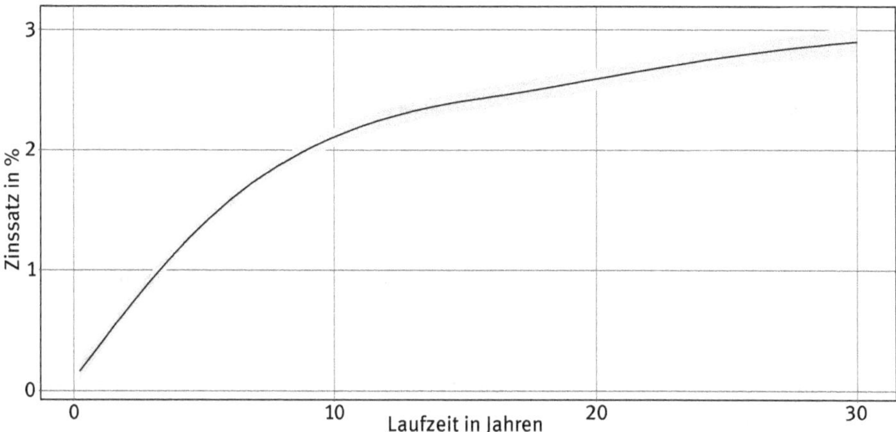

Abbildung 5.2: Zinsstrukturkurve USA zum 19.09.2015[7]

In Abbildung 5.3 wird deutlich, dass es sich bei der Form der Zinsstruktur keineswegs um einen stationären Zustand handelt. Die Zinsstrukturkurven für die USA sind jeweils zu einem Stichtag im September für die Jahre 2007 bis 2015 abgetragen. Die Zinsstruktur ist also permanenten Zinsveränderungen in den unterschiedlichen Laufzeiten ausgesetzt. Eine Parallelverschiebung der gesamten Zinsstruktur ist nicht die Regel. Vielmehr treten Zinsänderungen in den einzelnen Laufzeiten auch unabhängig voneinander auf und sorgen für die unterschiedlichsten Kurvenverläufe von Treasury Bonds. In den Jahren von 2007 bis 2015 hat die US-Zinsstruktur ihren grundsätzlich normalen Verlauf beibehalten.

Die Herausforderung für die Kreditinstitute besteht in erster Linie darin, künftige Veränderungen der Zinsstruktur korrekt zu prognostizieren und geeignete Steuerungsmaßnahmen bei gleichzeitiger Einhaltung regulatorischer Anforderungen umzusetzen.

6 Fabozzi, 2007

7 Eigene Darstellung mit Zeitreihen von Yahoo! Finance, 2015a; Yahoo! Finance, 2015b; Yahoo! Finance, 2015c; Yahoo! Finance, 2015d

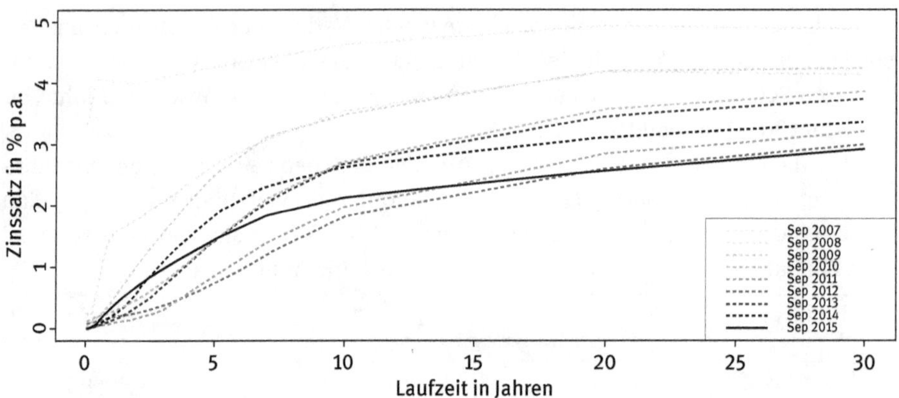

Abbildung 5.3: US-Treasuries Zinsstruktur zu Stichtagen im September für die Jahre 2007 bis 2015[8]

5.1.1 Unterscheidung zwischen Handelsbuch und Anlagebuch

Aus buchhalterischer Sicht können Zinsänderungsrisiken bei Banken im Handelsbuch und im Anlagebuch angesiedelt sein. Bis Ende des Jahres 2013 war die Unterscheidung zwischen Handelsbuch und Anlagebuch in § 1a KWG geregelt. Seit dem Jahr 2014 ist die Unterscheidung in der Verordnung (EU) Nr. 575/2013 des europäischen Parlaments und des Rates, die sogenannte Capital Requirements Regulation (CRR) verankert. Hinsichtlich der Zuordnungskriterien zum Handels- bzw. Bankbuch wurden jedoch keine wesentlichen Änderungen vorgenommen.[9]

Demnach zählen Geschäfte zur Erzielung eines Eigenhandelserfolgs durch die kurzfristige Ausnutzung von bestehenden oder erwarteten Unterschieden zwischen Kauf- und Verkaufskursen oder der Ausnutzung von Marktpreisschwankungen zu den Geschäften des Handelsbuchs. Das Anlagebuch ist eine Residualgröße und umfasst alle Geschäfte, die nicht dem Handelsbuch zugeordnet werden können.

Zinsänderungsrisiken im Anlagebuch stellen bislang keinen Bestandteil der quantitativen Mindestkapitalanforderungen nach Säule 1 des Basler Rahmenwerks dar, sondern wurden in der „qualitativen" Säule 2 angesiedelt. In Säule 2 werden angemessene Risikosteuerungs- und Controllingprozesse für Zinsänderungsrisiken im Anlagebuch gefordert. Alle in Säule 2 des Basler Regulierungskonzepts ermittelten Risiken müssen zudem in die Berechnung der Risikotragfähigkeit der Banken einbezogen werden.

Das aufsichtsrechtliche Überprüfungsverfahren stellt wiederum die Einhaltung der Anforderungen durch die einzelnen Institute sicher.[10] Grundsätzlich lassen sich Säule 1

8 Eigene Darstellung mit Zeitreihen von U.S. Department of the Treasury, 2015
9 Weigel, Sierleja, 2015
10 Deutsche Bundesbank, 2012

und Säule 2 des Basler Rahmenwerks nach ihrem Schwerpunkt differenzieren. Säule 1 strebt eine weitgehende Standardisierung der Kapitalanforderungen an, um so deren internationale Vergleichbarkeit zu gewährleisten. In Säule 2 werden den Instituten hingegen Freiheiten hinsichtlich der individuellen Kapital- und Risikoeinschätzung eingeräumt. Institute sollen eigenverantwortlich alle Risiken von Bedeutung identifizieren, mit geeigneten Methoden quantifizieren und mit ausreichend Kapital unterlegen.

Der Grund für diese Art der Differenzierung ist die oftmals stark voneinander abweichende Risikosituation der einzelnen Banken, der eine vollständige Standardisierung nicht gerecht werden könnte. Zudem unterscheiden sich die beiden Säulen dahingehend, dass in der ersten Säule der Schwerpunkt auf der gegenwärtigen Geschäftstätigkeit liegt, während in der zweiten Säule auch zukünftige Veränderungen der eigenen Geschäftstätigkeit oder des Marktumfelds berücksichtigt werden.[11]

Die neuen Rahmenwerke bauen auf den in 2006 in Kraft getretenen Regelungen von Basel II auf und halten an dem dort eingeführten 3-Säulen-Modell mit einigen inhaltlichen Ergänzungen fest.[12] Abbildung 5.4 fasst die wichtigsten Anforderungen und Kennzahlen innerhalb des 3-Säulen-Modells zusammen.

Säule 1	Säule 2	Säule 3

▪ Anforderungen an die Qualität und Höhe des Eigenkapitals (Kapitalquoten)
▪ Kapitalerhaltungspuffer
▪ Antizyklischer Puffer
▪ Leverage Ratio
▪ Risikoerfassung (Höhe und Ermittlungsansätze):
  ▪ Handelsbuch
  ▪ Kontrahentenausfallrisiko
  ▪ Engagements gegenüber zentralen Gegenparteien
	▪ Anforderungen an:
	  ▪ Risikoerfassung
	  ▪ Risikomanagement
	  ▪ Risikosteuerung
	  ▪ Behandlung von Risikopositionen
	▪ Risikoberichterstattung
		▪ Erweiterte Offenlegungs-und Publikationsvorschriften

Liquiditätsvorschriften (LCR und NSFR)		

Abbildung 5.4: Übersicht der drei Säulen aus Basel II unter Berücksichtigung von Basel III[13]

11 Deutsche Bundesbank, 2013

12 Hofmann, Schmolz, 2014

13 Eigene Darstellung in Anlehnung an Hofmann, Schmolz, 2014

5.1.2 Die Berücksichtigung von Zinsänderungsrisiken in Basel II

Der Basler Ausschuss für Bankenaufsicht sieht das Zinsänderungsrisiko im Anlagebuch als potentielles Risiko, das mit Eigenkapital unterlegt werden sollte. Die ursprünglich geplante Integration der Zinsrisiken in die Säule 1 von Basel II wurde allerdings aufgrund eines fehlenden internationalen Konsenses für die Berechnung von Zinsänderungsrisiken nicht realisiert. Es existieren unterschiedliche Vorstellungen hinsichtlich der Parametrisierung von Aktiv- und Passivpositionen mit unbestimmter Kapital- oder Zinsbindung, aber auch hinsichtlich einer periodischen oder barwertigen Betrachtungsweise von Zinsänderungsrisiken. In der Vergangenheit gab es unterschiedliche Überzeugungen von Aufsichtsgremien und von Banken der verschiedenen Länder, weil auch die nationalen Marktstrukturen für Kreditinstitute unterschiedlich sind.[14]

Im Rahmen der Umsetzung von Basel III wird erneut die Eigenkapitalunterlegung für Zinsänderungsrisiken im Anlagebuch diskutiert, um das Insolvenzrisiko der Bank zu begrenzen. Zusätzliches Eigenkapital soll als Risikopuffer für Verluste aus unerwarteten Marktzinsveränderungen dienen. Die Aufsicht lässt insbesondere das Stress-Szenario einer ad hoc Erhöhung oder Reduzierung der Marktzinsen um 200 Basispunkte testen.[15] Diese auch als „Basler Zinsschock" bekannte Kennziffer misst die barwertigen Auswirkungen einer unerwarteten Zinsänderung auf die Eigenmittel und ist gemäß dem BaFin Rundschreiben 11/2011 zu ermitteln und an die Aufsichtsbehörden zu melden. Dabei dürfen die Institute, die bei den Berechnungen zugrunde gelegte Zinsstrukturkurve frei wählen. Die Positionen mit unbestimmter Kapital- und Zinsbindung oder impliziten Zinsoptionen müssen über bankinterne Ermittlungsverfahren adäquat dargestellt werden. Somit besteht Methodenfreiheit insbesondere bei Instituten mit Fokus auf Produkten mit unbestimmter Kapital- und Zinsbindung. Die Methoden und Verfahren zur Ermittlung müssen aber den Mindestanforderungen an das Risikomanagement (MaRisk) genügen.

Kreditinstitute mit einer negativen Barwertänderung von mehr als 20 % der regulatorischen Eigenmittel werden als Kreditinstitute mit erhöhtem Zinsänderungsrisiko eingestuft.[16] Zudem bildet der „Basler Zinsschock" im Rahmen der Säule 2 die Grundlage für eine mögliche Verhängung von zusätzlichen Eigenkapitalanforderungen durch die Aufsichtsbehörden.

Der „Basler Zinsschock" betrachtet ausschließlich die barwertigen Auswirkungen einer plötzlichen Parallelverschiebung der Zinsstrukturkurve. Die barwertige Berechnung dient der besseren Vergleichbarkeit zwischen den Kreditinstituten. Sie ist aber insbesondere bei Banken umstritten, die im Rahmen der internen Steuerung

---

14 Deutsche Bundesbank, 2012; Basler Ausschuss für Bankenaufsicht, 2006; Österreichische Nationalbank, 2008; BaFin, 2014b

15 Fischer, Heil, 2015a

16 BaFin, 2011

und Überwachung ihrer Zinsänderungsrisiken die GuV-orientierte Sichtweise anwenden. Für Kreditinstitute mit GuV-Orientierung bei der Zinsrisikosteuerung bietet die BaFin ein Ausweichverfahren zur Schätzung der Barwertänderung an; dann besteht jedoch der potentielle Nachteil einer Überschätzung der Risiken durch Verwendung der vorgegebenen Modified Durations[17] für die jeweiligen Laufzeitbänder im Vergleich zur Kalkulation mit Hilfe interner Modelle.[18]

5.1.3 Neukonzeption der Berechnungsmethodik für das Zinsänderungsrisiko

Eine standardisierte Berechnungsmethodik für den Zinsrisikokoeffizienten soll die Übernahme von Zinsänderungsrisiken erlauben und das Eingehen übermäßiger Zinsrisikoübernahmen beschränken. Ein Regulierungsmodell, dass unerwünschte Effekte für die Banken und deren Kunden vermeidet, sollte folgende Punkte berücksichtigen:[19]

- die Zusammensetzung einer standardisierten Beobachtungskennziffer
- die Verwendung eines durch die Aufsicht vorgegebenen dynamischen Zinsszenariomodells
- die Eigenmittelunterlegung von Marktwert- und Zinsspannenrisiko im Anlagebuch
- die Berücksichtigung individueller Geschäftsmodelle von Kreditinstituten oder die Definition eines Schwellenwerts als Obergrenze für einen nicht unterlegungspflichtigen Zinsänderungsrisikobetrag.

Zu untersuchen ist außerdem, mit welchem Prozentsatz bei Überschreiten des Schwellenwerts eine verpflichtende Eigenkapitalunterlegung mit Kernkapital erfolgen soll.

5.2 Ansätze zur Quantifizierung von Zinsänderungsrisiken

Zinsänderungsrisiken bezeichnen durch Zinsänderungen ausgelöste negative Entwicklungen des Periodenerfolgs oder der barwertig betrachteten absoluten Höhe der Zinspositionen. Beim Zinsänderungsrisiko lassen sich Marktwertrisiko und Zinsspannenrisiko unterscheiden. Das Marktwertrisiko beschreibt den Rückgang des Marktwertes von Aktivpositionen aufgrund eines Zinsanstiegs bzw. den Marktwertanstieg

17 Nähere Informationen zu den verschiedenen Durationskonzepten finden sich in Abschnitt 5.2.3.
18 BaFin, 2011
19 Fischer, Heil, 2015a

der Passivpositionen aufgrund von Zinsrückgängen. Der Saldo zwischen Aktiv- und Passivpositionen bildet das gesamte Marktwertrisiko der Bank.

Sofern die Passivpositionen absolut betrachtet stärker auf Zinsänderungen reagieren als die Aktivpositionen führt ein Zinsrückgang zu Verlusten, der sich im Marktwert des Eigenkapitals widerspiegelt. Zur Messung der Sensitivität von Marktwerten gegenüber Zinsänderungen existieren verschiedene Sensitivitätsmaße, wie zum Beispiel Basispoint-Value oder Duration.[20]

Das Zinsspannenrisiko entsteht aufgrund einer Reduzierung bzw. Verengung der Bruttozinsspanne. Isoliert betrachtet liegt hier die Gefahr in einem Rückgang des durchschnittlichen Aktivzinses und dem Anstieg des durchschnittlichen Passivzinses. Nachdem eine Reduzierung des durchschnittlichen Aktivzinses im Regelfall auch mit einer Reduzierung des durchschnittlichen Passivzinses einhergeht, reduziert sich die Bruttozinsspanne, wenn der durchschnittliche Aktivzins stärker fällt als der durchschnittliche Passivzins. Bei variabel verzinslichen Positionen muss berücksichtigt werden, zu welchem Grad sich eine Marktzinsänderung in einer Zinsänderung der variabel verzinslichen Position widerspiegelt. Diese sogenannten Elastizitäten werden dann wiederum auf Gesamtbankebene gegenübergestellt. Die sich ergebenden Elastizitätsüberhänge bestimmen, wie sich ein Zinsanstieg oder ein Zinsrückgang auf das Institut auswirken. Ein Elastizitätsüberhang auf der Aktivseite führt bei steigenden Zinsen zu Gewinnen und bei fallenden Zinsen zu Verlusten.[21]

Die Steuerung des Zinsänderungsrisikos kann GuV-orientiert oder barwertorientiert durchgeführt werden. Der GuV-orientierte Ansatz führt zu keiner ganzheitlichen Sichtweise, da nur das Zinsergebnis und die handelsrechtlichen Abschreibungsrisiken betrachtet werden. Dagegen berücksichtigt die Betrachtung von Zahlungsströmen im barwertigen Ansatz die entstehenden Fristeninkongruenzen. Deshalb wird in der Praxis zunehmend der barwertorientierte Ansatz verfolgt bzw. als Ergänzung zur GuV-orientierten Steuerung genutzt.[22]

Das barwertige Zinsbuch einer Bank besteht aus sämtlichen zinstragenden Geschäften, deren Zahlungsströme in einem Summen-Cashflow aggregiert werden. Positionen mit sicherer Kapital- und Zinsbindung werden auf Basis der Zinsbindungsbilanz abgebildet. Positionen mit unsicherer Kapital- und Zinsbindung werden hingegen über Ablauffiktionen dargestellt.

Der Summen-Cashflow ergibt sich durch Verrechnung aller Zins- und Kapitalcashflows. Durch Diskontierung mit der aktuellen Zinsstruktur entsteht der Zinsbuchbarwert. Dieser repräsentiert wiederum das im Zinsbuch gebundene ökonomische Eigenkapital und stellt die zentrale Steuerungsgröße dar.[23]

20 Schierenbeck, Lister, Kirmße, 2014
21 Schierenbeck, Lister, Kirmße, 2014
22 Fröhlich, 2011
23 Fröhlich, 2011

5.2.1 Die Zinsbindungsbilanz

Mit Hilfe der Zinsbindungsbilanz werden absolute Inkongruenzen bzw. Überhänge oder Lücken in Festzinsgeschäften auf der Aktiv- und Passivseite als Grund für das Zinsspannenrisiko identifiziert. Diese lassen sich durch Gegenüberstellung der Bestände von Festzinspositionen auf beiden Seiten der Bilanz ermitteln. Die von Festzinsüberhängen bzw. -lücken ausgehende Gefahr besteht darin, dass Festzinspositionen nicht an geänderte Marktzinsen angepasst werden können. Dagegen passen sich variabel verzinste Positionen in der Festzinslücke an geänderte Marktzinsen an. Besteht also ein aktivischer Festzinsüberhang, müssen für die variabel verzinsten Verbindlichkeiten in der Festzinslücke auf der Passivseite höhere Zinsen bezahlt werden, während auf der Aktivseite für die Dauer der Zinsbindung keine Anpassung erfolgen kann. Dies führt zu einer entsprechenden Reduzierung des Zinsüberschusses.[24] Abbildung 5.5 veranschaulicht die geschilderte Problematik abhängig davon, auf welcher Seite der Bilanz der Festzinsüberhang auftritt und in welche Richtung sich der Marktzins verändert.

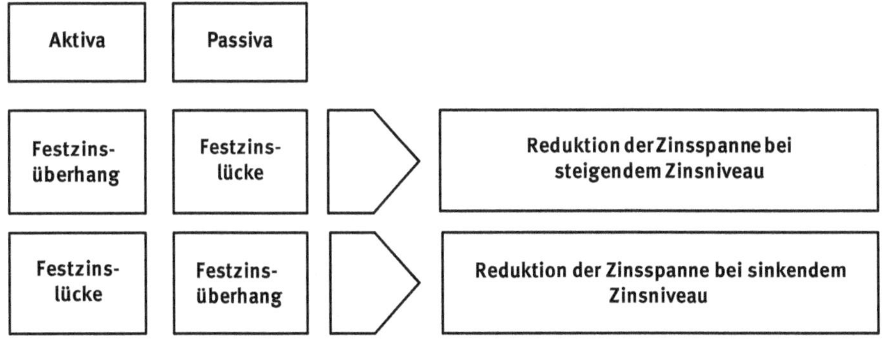

Abbildung 5.5: Übersicht Zinsbindungsbilanz[25]

Ein häufig genutzter Ansatz zur Abbildung der Positionen mit unsicherem Cashflow ist die Methode gleitender Durchschnitte. Ausgehend von der Annahme, dass stets ein stabiler Sockelbetrag (Bodensatz) unabhängig von der jeweils formell vereinbarten Vertragslaufzeit in der Bank verbleibt, wird untersucht, inwieweit das Zinsanpassungsverhalten der Positionen mit den Veränderungen verschiedener Marktzinsen korreliert.

Beispielsweise könnte sich der Zins auf Sparkonten in der Vergangenheit ähnlich einer Mischung aus dem einjährigen und dem zehnjährigen Marktzins entwickelt

24 Schierenbeck, Lister, Kirmße, 2014

25 Darstellung nach Schierenbeck, Lister, Kirmße, 2014

haben. Zur Erreichung einer vom Zinsumfeld unabhängigen Marge zwischen Kundenzins und dem Bewertungszins sowie zur Immunisierung des variablen Geschäfts gegen Zinsänderungsrisiken ist die Verwendung eines einzigen Zinssatzes (z. B. nur Verwendung des einjährigen Zinssatzes) im Regelfall nicht ausreichend. Aus diesem Grund wird versucht, eine Mischung aus gleitenden Durchschnittszinsen mit unterschiedlicher Fristigkeit zu finden, die dem Zinsanpassungsverhalten der Vergangenheit am besten entsprochen haben und somit nur geringe Margenschwankungen liefern.

Durch die Anwendung der Methode der gleitenden Durchschnitte werden variable Geschäfte in ein sicheres Zahlungsstromprofil überführt, da über die Wahl des Mischungsverhältnisses sowohl der Bewertungszins als auch die Ablauffiktion bestimmt werden.[26]

Die gewählten Mischungsverhältnisse der gleitenden Durchschnittszinsen bestimmen den Einfluss der variablen Positionen auf den Zinsbuchbarwert. Werden für variable Aktiva beispielsweise sehr kurze und für variable Passiva sehr lange Mischungsverhältnisse gewählt, reduziert sich das in das Zinsbuch übertragene Zinsänderungsrisiko. Der starke Diskontierungseffekt in den lang laufenden Passivpositionen führt zu einem niedrigen negativen Barwert, während der weniger stark ausfallende Diskontierungseffekt in den kurz laufenden Aktivpositionen zu einem hohen positiven Barwert führt. Diese Verfahrensweise führt allerdings zu der Inkaufnahme eines Modellrisikos, dass dem Unterschied zwischen dem Zinsänderungsrisiko mit juristischen Vertragslaufzeiten und dem Zinsänderungsrisiko mit Ablauffiktion entspricht.[27]

Die alleinige Ausrichtung der Zinssensitivitätsanalyse am Konzept der Zinsbindungsbilanz ist nur dann angemessen, wenn innerhalb des betrachteten Zeitraums keine Festzinsgeschäfte auslaufen, wenn eine Veränderung des Durchschnittszinses auf der Aktivseite aufgrund einer Zinsänderung in jedem Fall auch der Veränderung des Durchschnittszinses auf der Passivseite entspricht und wenn der Durchschnittszins der variabel verzinsten Positionen in gleichem Maße schwankt wie der Marktzins.

Das Konzept der Zinsbindungsbilanz kann demnach zu einer Fehleinschätzung der Auswirkungen von Zinsänderungen auf die Zinsspanne und damit zu Fehlsteuerungsimpulsen führen, wenn variabel verzinste Positionen nicht in der unterstellten Weise auf Marktzinsänderungen reagieren.[28]

26 Steinwachs, 2012

27 Steinwachs, 2012

28 Schierenbeck, Lister, Kirmße, 2014; Österreichische Nationalbank, 2008

5.2.2 Das Elastizitätskonzept

Das Elastizitätskonzept ist ein weiterer Ansatz zur Messung des Zinsspannenrisikos. Zusätzlich zur Berücksichtigung von Inkongruenzen bei Festzinspositionen werden die produktspezifischen Zinsanpassungen aufgrund von Marktzinsänderungen in variabel verzinslichen Produkten in die Berechnung des Zinsspannenrisikos einbezogen.

Zu den variabel verzinslichen Positionen zählen auch die in ihrer Zinsbindung auslaufenden und damit variabel werdenden Festzinspositionen.[29]

Im ersten Schritt ist die Zinsanpassungselastizität zu ermitteln; diese beschreibt die Reagibilität variabel verzinslicher Positionen infolge einer Marktzinsänderung.

Somit gilt für die Elastizität:

$$(1)\quad \text{Elastizität} = \frac{\Delta\ \text{variabler Positionszins}_T}{\Delta\ \text{Marktzins}_T}$$

Durch die Messung der Elastizität wird der Tatsache Rechnung getragen, dass Produktzinsen als Reaktion auf geänderte Marktzinsen angepasst werden.

Die einfache Ermittlung der Zinsanpassungselastizität durch Quotientenbildung kann mit Hilfe von Regressionsanalysen noch verfeinert werden.[30] Da Festzinspositionen nicht auf Veränderungen des Marktzinses reagieren, beträgt deren Elastizität null. Die gesamte Auswirkung auf das Periodenergebnis geht nun von den Positionen mit einer Elastizität größer null und damit von den variablen Positionen aus. Die Ermittlung des Referenzzinssatzes für die einzelnen variabel verzinsten Positionen erfolgt durch die Berechnung der Elastizitätswerte und deren Bestimmtheitsmaß basierend auf historischen Zeitreihen. Als Referenzzinssatz wird der Zinssatz gewählt, der den höchsten Erklärungsbeitrag zur Veränderung des Positionszinses aufweist. Zudem kann die Schätzung der Elastizitätswerte durch explizite Berücksichtigung von Verzögerungen im Konditionsanpassungsverhalten der Bank, das als Instrument bei der Konditionenpolitik eingesetzt wird, weiter verbessert werden.[31]

Im nächsten Schritt erfolgt die Zuordnung der Zinsanpassungselastizitäten über die sogenannte Elastizitätsbilanz zu den jeweiligen Positionsvolumina. Anschließend ergeben sich durch Gegenüberstellung der durchschnittlichen Zinsanpassungselastizitäten auf der Aktiv- und Passivseite sogenannte Elastizitätsüberhänge. Diese erklären die Richtung und die Stärke der Zinsspannenänderung infolge der Änderung eines Referenzzinssatzes oder mehrerer Referenzzinssätze. Reagiert nun der durchschnittliche Aktivzins stärker auf Marktzinsänderungen, als der durchschnittliche Passivzins (Elastizitätsüberhang auf der Aktivseite) so reduziert sich die Zinsspanne

29 Schierenbeck, Lister, Kirmße, 2014; Österreichische Nationalbank, 2008

30 Österreichische Nationalbank, 2008

31 Schierenbeck, Lister, Kirmße, 2014; Österreichische Nationalbank, 2008

bei sinkenden Marktzinsen.[32] Der Zusammenhang zwischen Elastizitätsüberhang und Veränderung der Marktzinsen wird in Abbildung 5.6 veranschaulicht.

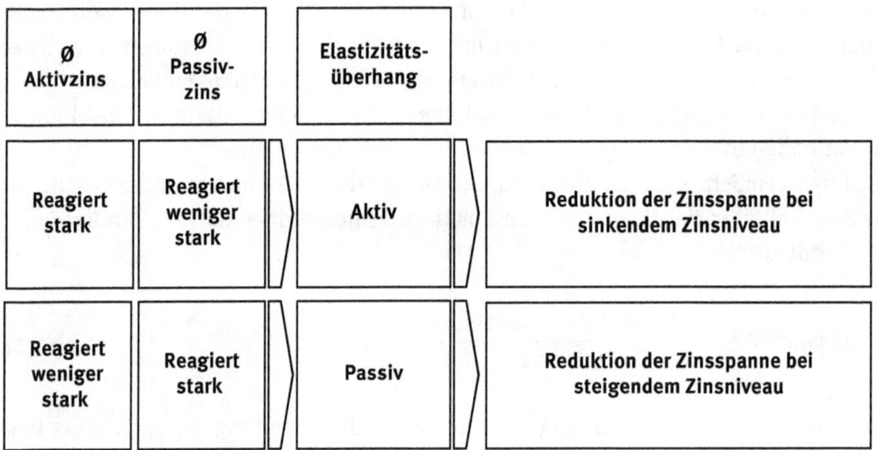

Abbildung 5.6: Übersicht Elastizitätskonzept[33]

5.2.3 Marktwertorientierte Bestimmung der Zinssensitivität

Für das Management von Zinsänderungsrisiken ist es wichtig Maßzahlen zu kennen, welche die Veränderung des Portfoliowertes infolge einer Zinsänderung in geeigneter Art und Weise berücksichtigen. Neben dem Konzept der Elastizität zur Quantifizierung des Zinsspannenrisikos existieren weitere häufig verwendete Maße zur Ermittlung der Auswirkungen von Zinsänderungen. Die laufzeitspezifischen Zinsrisiken lassen sich mit Hilfe verschiedener Ansätze zur Sensitivitätsanalyse schätzen. Dazu gehören Konzepte wie Duration, Key-Rate Duration oder Basispoint-Value.[34]

Bei der Macaulay Duration handelt es sich um eine leicht verständliche Kennzahl, welche die durchschnittliche Laufzeit von zinstragenden Instrumenten bestimmt. Anders ausgedrückt zeigt die Größe die gewichtete mittlere Bindungsdauer des eingesetzten Kapitals in Jahren. Die Gewichtung erfolgt über das Verhältnis des Barwerts der einzelnen Zahlungen zum Barwert aller Zahlungsströme. Tabelle 5.1 zeigt die Ermittlung der Macaulay Duration für ein festverzinsliches Wertpapier mit einer Laufzeit von drei Jahren und einem Kupon von 6 %. Im Beispiel Tabelle 5.1 liegt die Macaulay Duration bei 2,84 Jahren.

32 Schierenbeck, Lister, Kirmße, 2014

33 Darstellung nach Schierenbeck, Lister, Kirmße, 2014

34 Schierenbeck, Lister, Kirmße, 2014

Tabelle 5.1: Beispiel für die Ermittlung der Macaulay Duration[35]

Restlaufzeit in Jahren (t)	Cashflow in EUR	Marktzins	Barwert des Cashflows in EUR	Gewichtungs-faktor (w)	(t × w) gerundet
1	6	2 %	5,88	0,06	0,06
2	6	3 %	5,66	0,05	0,11
3	106	4 %	94,23	0,89	2,67
Summe	118		105,77	1,00	**2,84**

Bei der Interpretation der Duration als zeitliches Maß handelt es sich um eine von mehreren Interpretationsmöglichkeiten. Im Rahmen der Messung von Zinsänderungsrisiken ist die Auffassung der Duration als die geschätzte relative Wertveränderung bei einer Zinsänderung ebenfalls von Bedeutung.[36]

Gemäß dieser Interpretation bedeutet eine Duration von 2, dass eine Zinsänderung um 100 Basispunkte eine Wertschwankung des Wertpapieres um 2 % zur Folge haben wird. Die Duration lässt sich auch folgendermaßen darstellen:

$$(2)\quad \text{Duration} = \frac{V_{-} - V_{+}}{2(V_0)(\Delta_y)}$$

Notation:
V_- = Preis des Wertpapiers, wenn die Marktrendite um Δ_y sinkt
V_+ = Preis des Wertpapiers, wenn die Marktrendite um Δ_y steigt
V_0 = Aktueller Preis des Wertpapiers
Δ_y = Veränderung der Marktrendite

Gemäß obiger Formel (2) wird die Duration über die Marktpreisänderungen für einen Zinsanstieg und einen Zinsrückgang ausgehend von der aktuellen Rendite des Wertpapiers ermittelt. Die geschätzte relative Preisveränderung bei einer Marktzinsveränderung lässt sich dementsprechend wie folgt darstellen:

$$(3)\quad \text{Geschätzte relative Preisveränderung} = -\text{Duration} \cdot \Delta_{y*} \cdot 100$$

Dabei stellt Δ_{y*} die Veränderung der Marktrendite dar, zu der die entsprechende relative Preisänderung gesucht wird.[37] Bei einer Duration von 5 und einem Zinsanstieg von 10 Basispunkten ergibt sich gemäß Formel (3) ein prozentualer Preisrückgang in Höhe von 0,5 %:

$$\text{Geschätzte relative Preisveränderung} = -5 \cdot 0,001 \cdot 100 = -0,5\,\%$$

35 Darstellung in Anlehnung an Schierenbeck, Lister, Kirmße, 2014
36 Fabozzi, 2007
37 Fabozzi, 2007

Die sogenannte Modified Duration ergibt sich durch Division der Macaulay Duration mit dem Term (1+Marktrendite). Diese Rechnung führt zum gleichen Ergebnis wie die Formel (2), sofern unterstellt wird, dass die erwartete Höhe der Zahlungen aus dem Wertpapier infolge einer Marktzinsänderung keiner Anpassung unterworfen ist.

Mit der Modified Duration lässt sich demnach ebenfalls die Sensitivität des Marktwertes eines Wertpapiers gegenüber einer Zinsänderung um 100 Basispunkte abschätzen.[38] Bei der Bewertung von Zinsänderungsrisiken mit Hilfe der (Modified) Duration ist zu beachten, dass der Ansatz implizit eine horizontale Zinsstruktur unterstellt, da sämtliche Cashflows mit einem einheitlichen Zinssatz – der Marktrendite eines identischen Wertpapiers mit gleicher Restlaufzeit und gleicher Kuponhöhe – diskontiert werden.

Ferner bildet die Modified Duration die Auswirkungen von einer sich parallel verschiebenden Zinsstruktur ab. Je stärker sich die Parallelverschiebung ausprägt, desto ungenauer wird die Schätzung des Marktwertes mit Hilfe der Modified Duration im Vergleich zu einer exakten Neubewertung mit den laufzeitspezifischen Zinssätzen.[39] Die Duration unterstellt eine lineare Beziehung zwischen Preis und Marktzins. Tatsächlich besteht jedoch ein konvexer Zusammenhang. Infolgedessen führt die Verwendung der Duration als Schätzer für Preisveränderungen immer zu einer Unterschätzung der tatsächlichen Preisveränderung. Die Duration ist somit bei kleinen Zinsänderungen als Schätzer gut geeignet. Bei größeren Zinsänderungen nimmt der Schätzfehler jedoch entsprechend zu.[40] Die Beziehung zwischen dem Preis eines festverzinslichen Wertpapiers und der Marktrendite wird in Abbildung 5.7 verdeutlicht.

Eine Möglichkeit zur Begrenzung des Schätzfehlers aufgrund des unterstellten linearen Zusammenhangs zwischen Wertpapierkurs und Marktrendite ist die Vornahme einer Konvexitätsanpassung. Über den Konvexitätsterm wird die Krümmung der Kurve im Preis/Rendite Diagramm explizit berücksichtigt, was zu genaueren Schätzwerten führt.[41]

Nichtsdestotrotz lassen sich die im Konzept der Duration unterstellte horizontale Zinsstruktur und sich parallel verschiebende Zinsstrukturkurven in der Realität selten beobachten. Dem Problem der Unterstellung einer horizontal verlaufenden Zinsstruktur kann zwar mit dem Konzept der Effective Duration begegnet werden. Dabei werden die Barwerte der einzelnen Cashflows mit Hilfe der laufzeitspezifischen Renditen ermittelt. Allerdings wird weiterhin eine Parallelverschiebung der Zinsstruktur unterstellt. Auch wenn die Prognosegüte der Duration mit Hilfe der genannten Hilfsmittel deutlich verbessert wird, bleibt die Duration in ihrer Grundkonzeption

38 Fabozzi, 2007

39 Schierenbeck, Lister, Kirmße, 2014

40 Fabozzi, 2007

41 Fabozzi, 2007

als Sensitivitätsmaß in der Praxis nur bedingt geeignet, da es sich nur um einen Näherungswert handelt.[42]

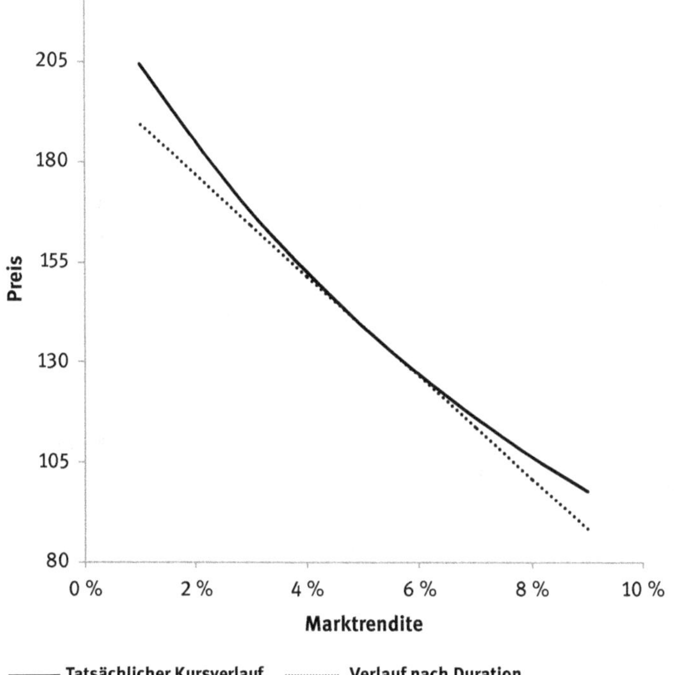

Abbildung 5.7: Zusammenhang zwischen Preis und Marktrendite eines festverzinslichen Wertpapiers

Die Abbildung von nicht parallelen Verschiebungen der Zinsstruktur kann jedoch mit dem Ansatz der Key-Rate-Duration erfolgen. Dabei wird unterstellt, dass die gesamte Zinsstruktur und deren Veränderungen durch bestimmte Key-Rates erklärt werden können. Die Marktwertsensitivität wird über mehrere Key-Rate-Durations abgebildet. Jede dieser Key-Rate-Durations zeigt, inwieweit der Kurs des Wertpapiers auf eine Veränderung der jeweiligen Key-Rate reagiert.

Das Konzept der Key-Rate-Duration kann zusätzlich noch zum Basispoint-Value erweitert werden. Dabei werden die Zinssensitivitäten nicht nur für die einzelnen Key-Rates sondern für sämtliche positionsrelevanten Renditen ermittelt. Jeder Basispoint-Value repräsentiert dann die Kursänderung bei einer Änderung eines einzelnen Punktes der Zinsstrukturkurve um einen Basispunkt.[43] Sowohl die Bestimmung von

42 Schierenbeck, Lister, Kirmße, 2014
43 Schierenbeck, Lister, Kirmße, 2014

Key-Rates als auch die Bestimmung des Basispunktwertes führen jedoch zu einem ungleich höheren Rechenaufwand, der den zusätzlichen Nutzen erst rechtfertigen muss.

5.2.4 Value at Risk zur bankinternen Quantifizierung von Zinsänderungsrisiken

Der Value at Risk (VaR) stellt ein etabliertes Konzept zur Ermittlung von potentiellen Risiken dar. Die Kennzahl zeigt den geschätzten maximalen Wertverlust eines Portfolios oder einer Einzelposition, der mit einer bestimmten Wahrscheinlichkeit (Konfidenzniveau) innerhalb einer bestimmten Haltedauer nicht überschritten wird.[44] Bezogen auf den Zinsbuchbarwert beschreibt der Value at Risk den maximal erwarteten Verlust des im Zinsbuch gebundenen ökonomischen Kapitals, der innerhalb eines bestimmten Zeitraums mit einer bestimmten Wahrscheinlichkeit nicht überschritten wird.[45]

Bei der Ermittlung des Value at Risk können verschiedene Ansätze gewählt werden. Es existieren analytische Varianten, denen explizite Annahmen über die Verteilung der künftigen Ergebniswerte zugrunde liegen. Die einfachste Möglichkeit besteht dabei in der Unterstellung einer Normalverteilung; diese lässt sich durch die Standardabweichung[46] und das arithmetische Mittel der Ergebnisrealisationen vollständig beschreiben. Durch die Berechnung der Fläche unter der Kurve lassen sich wiederum die Wahrscheinlichkeiten bestimmen, mit denen bestimmte Ergebnisrealisationen über- oder unterschritten werden.[47]

5.2.5 Historische Simulation

Weitere Ansätze zur Ermittlung des VaR beziehen ihre Informationen direkt aus einer simulierten oder historischen Ergebnisverteilung. Die explizite Festlegung einer bestimmten Verteilung (z. B. Normalverteilung) ist dann in der Regel nicht mehr notwendig.[48] Ein häufig genutzter Ansatz ist die historische Simulation. Hierbei werden historische Zeitreihen mit Preisen des Portfolios oder der Einzelposition für die Prognose der zukünftigen Entwicklung herangezogen. Somit liegt die Annahme zugrunde,

---

44 Hull, 2011

45 Österreichische Nationalbank, 2008

46 Die Standardabweichung ist ein Streuungsmaß, welches die Variation der Ergebnisrealisationen um das arithmetische Mittel beschreibt und als Größe für den Risikogehalt einer Position oder eines Portfolios herangezogen werden kann.

47 Schierenbeck, Lister, Kirmße, 2014

48 Schierenbeck, Lister, Kirmße, 2014

dass sich die Entwicklung der Vergangenheit in gleichem Umfang in der Zukunft wiederholen wird. Basierend auf der verwendeten Zeitreihe können die historischen Veränderungsraten bestimmt werden.

Durch Multiplikation des aktuellen Portfoliowertes bzw. der Position mit den ermittelten Wertänderungen wird das Portfolio über die gesamte Zeitreihe hinweg neu bewertet.[49] Die Differenz zwischen dem aktuellen Wert des Portfolios bzw. der Position und den Werten aus der Zeitreihe entsprechen den Gewinnen und Verlusten innerhalb der jeweils unterstellten Halteperiode (z. B. 10 Handelstage). Anschließend werden die aufgetretenen Gewinne und Verluste nach ihrer Häufigkeit sortiert und der Value at Risk für das jeweilige Konfidenzniveau berechnet.[50]

Zur Schätzung des maximalen Barwertverlustes im Zinsbuch, werden die historischen Veränderungsraten für verschiedene Laufzeiten der Geld- und Kapitalmarktzinsen analog der oben genannten Vorgehensweise bestimmt. Die Zinsänderungsraten werden anschließend zu den aktuellen Zinssätzen für die jeweiligen Laufzeiten addiert; so wird eine Neubewertung der aktuellen Zinsstrukturkurve für eine Vielzahl von Szenarien erstellt. Die Szenarien bzw. Zinsstrukturkurven werden dann zur Diskontierung der Summen-Cashflows herangezogen.

Die auf diese Weise generierten Zinsbuchbarwerte und deren Abweichungen vom Ausgangsbarwert bilden die Grundlage zur Ermittlung des Value at Risk und damit des Zinsänderungsrisikos. Der Value at Risk kann nun als Abweichung des Quantilswerts von dem Erwartungswert (Mittelwert der Barwertänderungen), dem aktuellen Barwert oder dem sicheren Barwert (Unterstellung der Glattstellung des Zinsbuchs und Anlage zum Geldmarktzins) ermittelt werden.[51]

5.2.6 Monte-Carlo-Simulation

Eine weitere simulative Variante ist die Monte-Carlo-Simulation. Im Gegensatz zur historischen Simulation wird bei der Monte-Carlo-Simulation mit Hilfe eines stochastischen Prozesses eine in geringerem Umfang von Vergangenheitsdaten abhängige Risikoeinschätzung gegeben.[52]

Zunächst muss ein geeigneter stochastischer Prozess für die einzelnen Risikofaktoren definiert werden. Mit Hilfe von Zufallszahlen werden anschließend zufällige Preispfade für alle Risikofaktoren generiert. Parameter wie die Standardabweichung oder vorhandene Korrelationen können wiederum aus Vergangenheitsdaten errechnet werden.

---

49 Österreichische Nationalbank, 2008
50 Schierenbeck, Lister, Kirmße, 2014
51 Steinwachs, 2012
52 Schierenbeck, Lister, Kirmße, 2014

Demzufolge ähnelt die Monte-Carlo-Simulation der historischen Simulation, mit dem Unterschied, dass bei der Monte-Carlo-Simulation hypothetische Preisänderungen zufällig auf Basis eines vordefinierten stochastischen Prozesses generiert und nicht aus historischen Daten abgeleitet werden.[53]

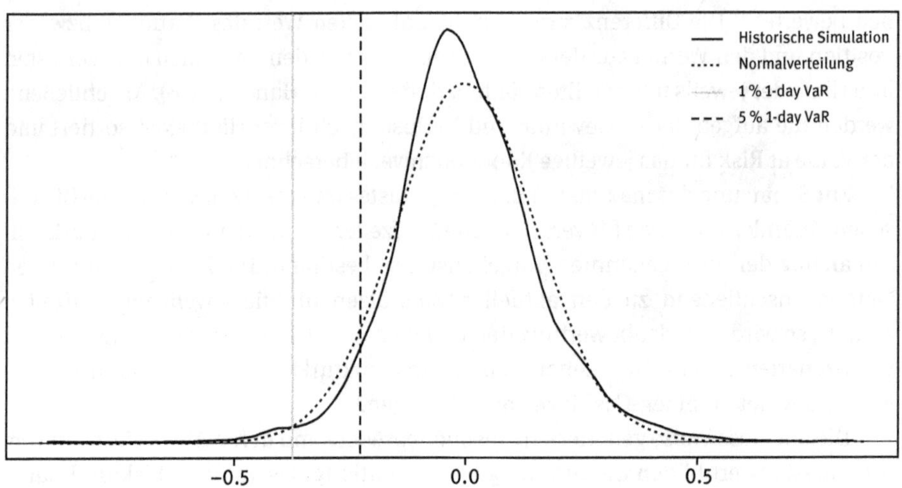

Abbildung 5.8: Historische Simulation und Normalverteilung zur VaR-Berechnung[54]

Abbildung 5.8 vergleicht die Dichtefunktion einer Normalverteilung und einer historischen Simulation des VaR basierend auf der historischen Simulation für einen Handelstag mit einem Konfidenzniveau von 95 % und 99 %. Hier wird deutlich, dass die Ergebnisse mit der Wahl des Ermittlungsverfahrens und der daraus resultierenden Ergebnisverteilung sowie der Wahl des Sicherheitsniveaus variieren können.

Einerseits stellt das Konzept des VaR hohe Anforderungen an die Qualität der historischen Zeitreihen; andererseits ist die Eignung der unterstellten bzw. historischen Ergebnisverteilung zur Prognose zukünftiger Werte kritisch zu hinterfragen. Auch die Länge der historischen Zeitreihe beeinflusst das Ergebnis aus der Value at Risk Kalkulation. VaR-Berechnungen unterstellen auch, dass der Zinsbuchbarwert über die Haltedauer unverändert bleibt. Positionen könnten jedoch als Antwort auf geänderte Marktbedingungen in der Zwischenzeit angepasst werden.[55]

Grundsätzlich handelt es sich bei dem VaR zwar um eine relativ leicht verständliche Größe, der die Sensitivität des Portfolios oder der Einzelposition gegenüber

53 Jorion, 2007

54 Darstellung mit Zeitreihen von Yahoo! Finance, 2015a; Yahoo! Finance, 2015b; Yahoo! Finance, 2015c; Yahoo! Finance, 2015d

55 Jorion, 2007

sämtlichen Variablen in nur einer Kennzahl zusammenfasst. Diese Eigenschaften machen den VaR auch als zentrale Größe in der Banksteuerung attraktiv. Nichtsdestotrotz kann der VaR als einzige Maßzahl für das Bankrisiko irreführende Ergebnisse liefern.

Es ist beispielsweise möglich, ein Portfolio zu konstruieren, dessen Verlust mit einem Konfidenzniveau von 99,5 % innerhalb eines Handelstages unter 1 Mio. Euro liegt aber mit einer Wahrscheinlichkeit von 0,5 % 10 Mio. Euro beträgt. Liegt das Risikolimit der Bank bei 1 Mio. Euro, so wäre das Limit zwar eingehalten, es bestehen jedoch erhebliche Risiken, wenn der Fall eintritt, dass der tatsächliche Verlust den erwarteten Verlust übersteigt. Deshalb sollten in jedem Fall weitere Größen zur Risikomessung herangezogen werden und ein regelmäßiges Backtesting erfolgen.

Eine Messzahl, die die geschilderte Problematik berücksichtigt, ist der Expected Shortfall bzw. Conditional VaR oder Tail Loss. Der Expected Shortfall beschreibt den erwarteten Verlust, innerhalb eines bestimmten Zeitraums, unter der Bedingung, dass der eintretende Verlust größer ist als das X %-Quantil der Verlustverteilung. Wenn also der Fall eintritt, dass der Verlust über dem VaR liegt, misst der Expected Shortfall die Höhe des dann zu erwartenden Verlustes.[56]

5.2.7 Aktive und passive Steuerung des Zinsrisikos

Die vorgestellten Ansätze zur Ermittlung des Marktwertrisikos stellen vermögensorientierte Instrumente (barwertige Sicht) dar, während sich die vorgestellten Ansätze zur Ermittlung des Zinsspannenrisikos auf periodische Erfolgsgrößen (GuV Sicht) beziehen. Somit kann es in den Teilperioden zu unterschiedlichen Steuerungsimpulsen kommen, auch wenn beide Sichtweisen in der Gesamtbetrachtung zu identischen Ergebnissen führen.

Ein integrierter Steuerungsansatz, der die barwertige und periodische Sichtweise zweckmäßig verknüpft, ist für Banken von großer Bedeutung. Als Basis für eine Verknüpfung dient eine barwertige Betrachtung der Cashflows, die sich an Risiko- und Renditezielen orientiert. Anschließend wird die barwertige Betrachtung um die periodischen Aspekte der Zinsbuchsteuerung ergänzt. Das Hauptziel der Zinsbuchsteuerung besteht darin, den Wertzuwachs des zinstragenden Geschäfts zu optimieren.[57]

Die aufgrund von Geschäftsvorfällen ausgelösten Cashflows entsprechen jedoch häufig nicht der bankseitig gewünschten Positionierung in der Zinsrisikostruktur. Steuerungsmaßnahmen müssen dafür sorgen, dass die Zinsrisikostruktur der Bank

56 Hull, 2011; Jorion, 2007
57 Österreichische Nationalbank, 2008

effizient und im Einklang mit der Anlagestrategie angepasst wird. Hinsichtlich der Anlagephilosophie für die Zinsrisikosteuerung gilt es zunächst zu entscheiden, welche Assetklassen grundsätzlich für die Investments der Bank in Frage kommen, welche Risiko- und Ertragsziele mit der Anlage im Zinsbuch verfolgt werden sollen und ob das Zinsbuch aktiv oder passiv gesteuert wird.

Die Risikoneigung eines Instituts zeigt sich u.a. in der Wahl geeigneter Benchmarks, der Wahl des Geschäftsmodells, der Allokation des Risikokapitals sowie der Festlegung geeigneter Risikolimite. Die gewählten Benchmarks dienen dabei als Grundlage für Dispositionsentscheidungen, für die Erfolgsbeurteilung oder als Grundlage für die Vorgabe von Risikolimits. Die Erfolgsentwicklung des Zinsbuchs kann durch Vergleich mit der Entwicklung einer als repräsentativ angesehenen Benchmark bewertet werden.[58] Die Benchmark wird so festgelegt, dass bestimmte Ertragserwartungen und Risikovorstellungen widergespiegelt werden. Mögliche Benchmarks sind beispielsweise gleitende Durchschnitte, Mischungen aus gleitenden Durchschnitten oder Rentenindizes.

Während es sich bei der Verwendung von Rentenindizes um standardisierte Benchmarks handelt, kann der Vergleichsmaßstab mit Hilfe von gleitenden Durchschnitten individuell modelliert werden. Im Gegensatz zu Rentenindizes bleiben außerdem die Cashflowstruktur und die Restlaufzeit konstant. Der Aufbau der Cashflowstruktur der gleitenden Durchschnitte erfolgt durch revolvierende Anlage zu gleich großen Kapitaltranchen. Die Cashflowstruktur muss dann noch so adjustiert werden, dass der Barwert des Benchmark-Cashflows mit dem Zinsbuchbarwert übereinstimmt. Zudem kann der gleitende Durchschnitt als Basis-Cashflow noch mit Geldaufnahmen kombiniert werden, um weitere Benchmarks mit unterschiedlichen Risiko- und Ertragsprofilen zu generieren.

Beispielsweise könnte das für zehn Jahre gleitend investierte Volumen durch eine Geldaufnahme für ein Jahr in der Höhe verdoppelt werden. Diese Hebelung bietet höhere Ertragschancen bei höherem Risiko. Bei der Verwendung von individuell konstruierten Benchmarkportfolios und allgemeinen Indizes fallen aufgrund der häufig notwendigen Anpassungen hohe Transaktionskosten an; Abhilfe schaffen hier jedoch synthetische Indizes mit konstanter Restlaufzeit.[59]

Bei einer Entscheidung des Kreditinstituts für die aktive Steuerung des Zinsbuchs wird das Zinsbuch anhand der eigenen Zinserwartungen ausgerichtet. Mit dem Ziel Zusatzerträge zu generieren, werden bewusst von der Benchmark abweichende Positionen eingegangen. Der Erfolg der Zinsbuchposition hängt damit von der Güte der bankinternen Zinsprognosen ab. In der Regel ist dieser Steuerungsansatz von höheren Transaktionskosten und umfangreichen Bedarf an Know-How gekennzeichnet. Die passive Steuerung zielt hingegen auf die erwartungsunabhängige Abbildung

58 Österreichische Nationalbank, 2008
59 Österreichische Nationalbank, 2008

einer effizienten Benchmark ab. Das Risiko- und Renditeprofil des Zinsbuchbarwerts wird an die Marktentwicklung gekoppelt. Der aktuelle Cashflow des Zinsbuchs muss dabei laufend an der Benchmark angeglichen werden. Aus verschiedenen Gründen kann die genaue Ausrichtung an der Benchmark durch das Kreditinstitut als nicht zweckmäßig erachtet werden, ein Beispiel sind zu hohe Transaktionskosten. Deshalb hat sich zusätzlich der semiaktive Steuerungsansatz etabliert. Dort werden Abweichungen von der Benchmark in bestimmten Zinsphasen oder innerhalb bestimmter Grenzen zugelassen.[60]

Bei allen Steuerungsansätzen ist die sachgerechte Modellierung der Cashflows eine entscheidende Voraussetzung für die Erfassung und Steuerung von Zinsänderungsrisiken. Der Barwert des Zinsbuchs repräsentiert dabei die zentrale Zielgröße im Spannungsfeld zwischen Rendite und Risiko.[61]

5.3 Regulatorische Anforderungen an die Messung von Zinsänderungsrisiken

Die Europäische Bankenaufsichtsbehörde (EBA) hat im Mai 2015 eine aktualisierte Fassung der Leitlinien zum Management von Zinsänderungsrisiken im Anlagebuch veröffentlicht.

Die Leitlinien geben im Wesentlichen vor, welche Anforderungen an die Steuerung und Messung von Zinsänderungsrisiken im Anlagebuch eingehalten werden müssen. Außerdem werden verschiedene Messmethoden und mögliche Stressszenarien bzw. -tests beschrieben.

Eine der in den Leitlinien aufgeführten Herausforderungen ist die Unterstellung geeigneter Annahmen für Produkte, bei denen die juristische Vertragslaufzeit und/ oder der Zinsanpassungszeitpunkt nicht repräsentativ für das tatsächliche Verhalten des Kreditinstituts im Falle einer Zinsänderung ist. Dementsprechend sind bei der Ermittlung der Zinsänderungsrisiken die getroffenen Annahmen im Zusammenhang mit diesen Produkten regelmäßig zu evaluieren. Zudem wird aufgeführt worauf Institute im Besonderen zu achten haben (wie z. B. eingebettete Optionen oder das Kundenverhalten).[62]

Im Rahmen der Berechnung des „Basler Zinsschocks" wird hinsichtlich der Länge der Zinshistorie analog zu dem Basler Zinsrisikopapier ein Zeitraum für die täglichen Zinsänderungen von fünf Jahren vorgegeben. Dementsprechend sind Zeitreihen über

60 Österreichische Nationalbank, 2008
61 Österreichische Nationalbank, 2008
62 European Banking Authority, 2015

die letzten sechs Jahre erforderlich, um die Zinsänderungen für die Haltedauer von einem Jahr rollierend berechnen zu können.[63] Die Vorgabe bezieht sich zwar explizit auf die Berechnung des standardisierten Zinsschocks, könnte aber grundsätzlich als Richtwert für die Länge des Datensatzes bei weiteren bankinternen Berechnungen herangezogen werden. Allerdings wird auch explizit darauf hingewiesen, dass die Leitlinien in Bezug auf den „Basler Zinsschock" nicht als Erwartungshaltung der Regulatoren hinsichtlich der bankinternen Messung von Zinsänderungsrisiken im Anlagebuch gesehen werden sollten.[64]

Die Messung und Steuerung des Zinsänderungsrisikos im Anlagebuch sollte abgesehen von dem „Basler Zinsschock" auch weitere Szenarien in Betracht ziehen, da eine ausschließliche Betrachtung einer sich parallel verschiebenden Zinsstrukturkurve oftmals nicht ausreichend sein dürfte.

Zudem sollten Institute grundsätzlich sowohl den GuV-orientierten Ansatz, als auch den wertorientierten Ansatz zur Quantifizierung der Zinsänderungsrisiken im Anlagebuch heranziehen.[65] Die übergeordnete Aufgabe der Aufsichtsbehörden, für die Sicherheit und Stabilität des Finanzsystems zu sorgen, orientiert sich maßgeblich an der Risikotragfähigkeit der Banken. Da jedoch Unterschiede zwischen den Banken hinsichtlich personeller und finanzieller Möglichkeiten bei der Entwicklung aufsichtskonformer interner Modelle bestehen, gilt es zusätzlich einfach implementierbare Methoden zur Verfügung zu stellen.

Im Regelfall fehlt es den standardisierten Methoden jedoch an der notwendigen Flexibilität um bankspezifische Sondersituationen adäquat zu berücksichtigen. Deshalb wird den Instituten, die über entsprechende Ressourcen zur Umsetzung interner Modelle verfügen gestattet, diese innerhalb eines vorgegebenen Rahmens auch für aufsichtsrechtliche Zwecke einzusetzen. Zusätzlich sind Standardmodelle, wie beispielsweise das Ausweichverfahren der BaFin zur Ermittlung der barwertigen Auswirkungen, aufgrund einer plötzlichen unerwarteten Zinsänderung[66] häufig so konstruiert, dass potentielle Risiken im Vergleich zur Anwendung aufwendigerer Modelle überschätzt werden. Die Überschätzung der Risiken kann zu einer höheren Eigenkapitalunterlegungspflicht führen und zwingt kleinere Banken, in die Entwicklung interner Modelle zu investieren. Dies ist vor dem Hintergrund der Wettbewerbsgleichheit kritisch zu sehen, da für größere Institute eine Reduktion der Eigenkapitalunterlegungspflicht und den damit verbundenen niedrigeren Kapitalkosten im Vergleich zu kleineren Instituten leichter erreichbar ist.[67]

63 European Banking Authority, 2015; Basel Committee on Banking Supervision, 2004
64 European Banking Authority, 2015
65 European Banking Authority, 2015
66 BaFin, 2011
67 Schierenbeck, Lister, Kirmße, 2014

5.4 Simulationsrechnung für die Umsetzung neuer Eigenkapitalunterlegungsregeln

5.4.1 Datenbasis und Annahmen für die Berechnung

Die Auswirkungen einer möglichen Eigenkapitalunterlegungspflicht für Zinsänderungsrisiken wurden am Kompetenzzentrum Finanzen der Technischen Hochschule Nürnberg basierend auf den Daten von 756 Volksbanken und Raiffeisenbanken getestet.[68]

Bei der juristischen Vertragslaufzeit wurde in der Berechnung ein Näherungswert für die Barwertveränderung angenommen; es wird stichtagsbezogen gerechnet und kein mögliches Bilanzwachstum oder Gewinnwachstum berücksichtigt. Angenommen wird die Barwertbetrachtung der Zinsänderungsrisiken für das Anlagebuch und die statische Betrachtung für die Eigenmittel. Die Untersuchung unterstellt die sofortige Umsetzung der CRD IV-Regulierung. Das in der Simulation angesetzte Eigenkapital wurde gemäß CRR – Capital Requirements Directive angepasst und die risikogewichteten Aktiva wurden im Basel III Szenario um 1,4 % erhöht.[69]

$$\text{Risikogewichtete Aktiva [Basel III]} = \text{Risikogewichtete Aktiva [Stichtag]} \times 1,014$$

5.4.2 Berechnung des regulatorischen Eigenkapitals

Bei Genossenschaftsanteilen wurde gemäß Basel II und laut KWG der Haftsummenzuschlag als Teil der Haftsumme sowie das Geschäftsguthaben als aufsichtsrechtliches Eigenkapital akzeptiert. Das Geschäftsguthaben wurde als hartes Kernkapital anerkannt, wenn es den Charakteristika von Stammaktien-Kapital entspricht. Der Kapitalbetrag darf nur im Liquidationsfall zurückbezahlt werden und ist unkündbar.[70] Das Geschäftsguthaben muss dauerhaft für die Verlustabsorption zur Verfügung stehen. Es genügt, wenn sich die Genossenschaftsbank über eine Satzungsänderung[71] das Recht verschafft, die Rückzahlung des Geschäftsguthabens abzulehnen; dann ist die Anrechnung des Geschäftsguthabens als hartes Kernkapital erlaubt.[72]

---

68 Ergebnisse der Simulation wurden bereits in folgenden Veröffentlichungen vorgestellt: Fischer, Heil, 2015a; Fischer, Heil, 2015b

69 Die Erhöhung erfolgte in Anlehnung an die Schätzung der Deutschen Bundesbank; Deutsche Bundesbank, 2015; Fischer, Heil, 2015a

70 Europäische Kommission, 2011; Maier, 2012

71 Europäische Kommission, 2011; Pollmann, 2011

72 Fischer, Heil, 2015b

Im Mai 2015 veröffentlichte die BaFin eine Allgemeinverfügung, welche die Anrechnungsvoraussetzungen an die nach dem 28.06.2013 neu begebenen Geschäftsanteile als hartes Kernkapital regelt. Die Anrechnungsvoraussetzungen sind in Artikel 28 und 29 der Verordnung (EU) Nr. 575/2013 aufgeführt. Außerdem werden die Prämissen unter denen die Rückzahlung von Geschäftsguthaben, bedingt durch gekündigte Genossenschaftsanteile vorab genehmigt ist, aufgeführt. Die Allgemeinverfügung ist in ihrer Gültigkeit bis zum 31.12.2015 beschränkt.

Anlass hierzu waren die Vorgaben der Capital Requirements Regulation (CRR) und der delegierten Verordnung (EU) Nr. 241/2014, die wiederum als Ergänzung der der Verordnung (EU) Nr. 575/2013 dient. Demnach können auch neu begebene Geschäftsanteile zumindest bis Ende des Jahres 2015 als hartes Kernkapital angerechnet werden, sofern die Vorgaben erfüllt sind.

Der Haftsummenzuschlag wurde in Basel II bei den längerfristigen nachrangigen Verbindlichkeiten im Ergänzungskapital angerechnet.[73] Gemäß den CRR und Basel III muss die tatsächliche Einzahlung des regulatorischen Kapitals erfolgen und der Haftsummenzuschlag bleibt somit bei den Eigenkapitalanforderungen unberücksichtigt.[74] Im Testfall für die 756 Genossenschaftsbanken und die Eigenkapitalunterlegung der Zinsänderungsrisiken wird die komplette Umsetzung der CRR angenommen. Eine vorübergehende Anrechnung des Haftsummenzuschlags im Sinne des Grandfatherings erfolgt nicht und das Ergänzungskapital besteht in der Untersuchung ausschließlich aus stillen Vorsorgereserven.[75]

Geschäftsguthaben
+ Offene Rücklagen gemäß 340g HGB
= **Hartes Kernkapital ohne Kapitalabzug**
+ Ergänzungskapital: stille Vorsorgereserven bis max. 1,25 % der RWA
= **Regulatorische Eigenmittel**

Stille Vorsorgereserven dürfen laut Artikel 62 CRR bis zu max. 1,25 % der risikogewichteten Aktiva beim Ergänzungskapital berücksichtigt werden; aber der konkrete Betrag der Vorsorgereserven muss offengelegt werden. § 340f Absatz 1 HGB erlaubt den Kreditinstituten Forderungen an Kreditinstitute und Kunden, Schuldverschreibungen und andere festverzinsliche Wertpapiere sowie Aktien und andere nicht festverzinsliche Wertpapiere mit einem niedrigeren als dem nach § 253 Abs. 1 Satz 1, Abs. 4 HGB vorgeschriebenen oder zugelassenen Wert anzusetzen. Voraussetzungen sind, dass die Wertpapiere weder wie Anlagevermögen behandelt werden noch Teil des Handelsbestands sind und dass hierfür eine vernünftige kaufmännische Beurteilung der besonderen Risiken von Kreditinstituten erfolgt. Maximal vier von Hundert des

73 § 10 Abs. 2 S. 7 KWG
74 Pollmann, 2011
75 Fischer, Heil, 2015b

Gesamtbetrags der in Satz 1 bezeichneten Vermögensgegenstände, die sich bei deren Bewertung nach § 253 Abs. 1 Satz 1, Abs. 4 HGB ergeben dürfen als Vorsorgereserven gebildet werden, aber ein niedrigerer Wert darf beibehalten werden.[76]

Das harte Kernkapital der Bank wird durch offene Rücklagen ergänzt. § 340g Absatz 1 HGB erlaubt den Kreditinstituten auf der Passivseite der Bilanz zur Sicherung gegen allgemeine Bankrisiken einen Sonderposten „Fonds für allgemeine Bankrisiken" zu bilden. Zuführungen zum Sonderposten oder Erträge aus der Auflösung sind nach § 340g Absatz 2 HGB in der Gewinn- und Verlustrechnung gesondert auszuweisen.[77]

5.4.3 Drei Zinsänderungsszenarien für die harte Kernkapitalquote

Drei Szenarien werden für die Auswirkungen der regulatorischen Änderungen auf die harte Kernkapitalquote von 4,5 % und von 7 % mit Kapitalerhaltungspuffer dargestellt. Die folgenden Abbildungen 5.9, 5.10 und 5.11 zeigen die drei Szenarien der aufsichtsrechtlichen Eigenkapitalberücksichtigung für Zinsänderungsrisiken in Bezug auf die harte Kernkapitalquote von 4,5 % und die Quote von 7 % inklusive Kapitalerhaltungspuffer. Szenario 1 zeigt die Kernkapitalquoten der untersuchten Banken für die Anpassung an Basel III ohne die Integration von Zinsänderungsrisiken im Anlagebuch in Säule 1 von Basel III. Szenario 2 zeigt die harte Kernkapitalquote bei Annahme der Ablauffiktion für die Berechnung der Zinsänderungsrisiken und das Szenario 3 zeigt das Extremszenario der juristischen Vertragslaufzeit als Berechnungsgrundlage für die Zinsänderungsrisiken.

Das Szenario 1 (Abbildung 5.9) untersucht die harten Kernkapitalquoten aller Banken ausschließlich auf Basis der Anforderungen gemäß CRR und CRD IV und berücksichtigt die Zinsänderungsrisiken im Anlagebuch nicht. Alle Banken der Untersuchungsgruppe bleiben über der Mindestquote von 4,5 % und nur 1,5 % der Banken bleiben unter der Mindestquote von insgesamt 7 % (4,5 % plus 2,5 % Kapitalerhaltungspuffer). Nur 1,5 % der Banken würden mit Ausschüttungsbeschränkungen sanktioniert.[78]

Harte Kernkapitalquote [Basel III ohne ZÄR] = Hartes Kernkapital [Basel III] / RWA [Basel III]

Das Szenario 2 (Abbildung 5.10) berechnet die harte Kernkapitalquote nach CRR und die Zinsänderungsrisiken müssen nun mit Eigenkapital unterlegt werden. Für die Berechnung des maximalen Barwertverlusts durch Zinsänderungsrisiken wurde die Methode der Ablauffiktion angewendet.

76 Fischer, Heil, 2015b
77 Fischer, Heil, 2015b
78 Fischer, Heil 2015a

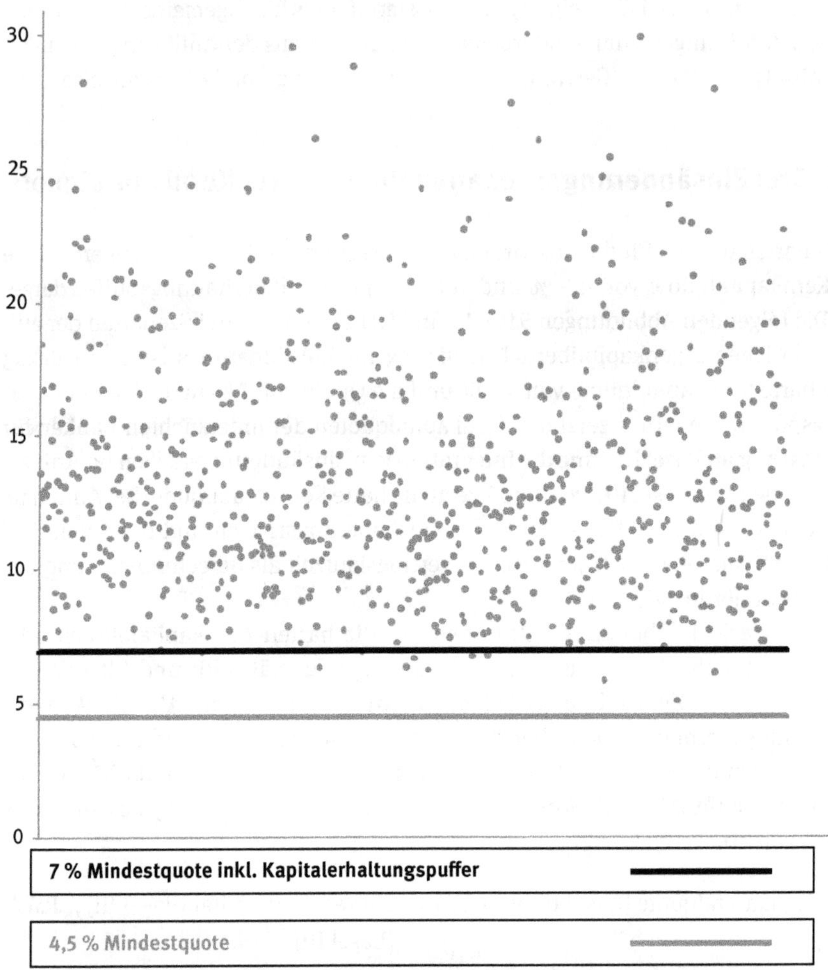

Abbildung 5.9: Harte Kernkapitalquoten gemäß CRR mit Integration von Zinsänderungsrisiken in Säule 1 – Szenario 1

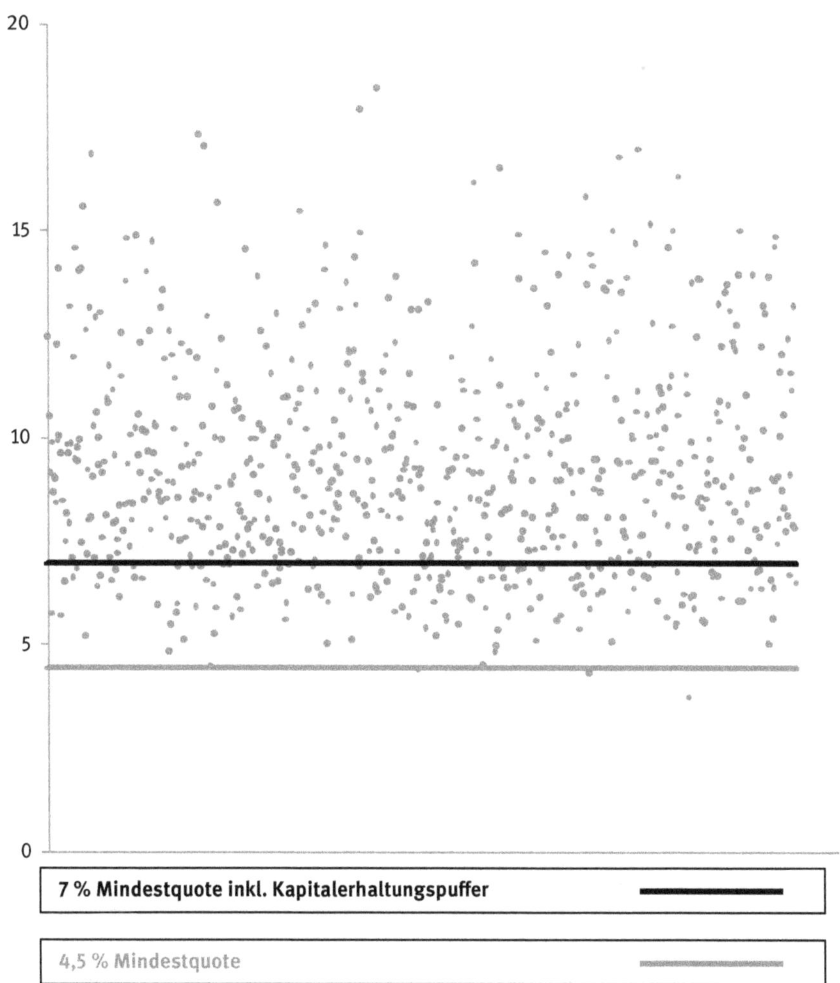

Datenbasis: 756 Volksbanken und Raiffeisenbanken in Deutschland aus dem Jahr 2013; die Betrachtung ist stichtagsbezogen–keine Planungsbilanz, kein Gewinnwachstum berücksichtigt. Die Barwertveränderung durch ZÄR ist ein Näherungswert.

Abbildung 5.10: Harte Kernkapitalquoten gemäß CRR mit Integration von Zinsänderungsrisiken in Säule 1 – Szenario 2

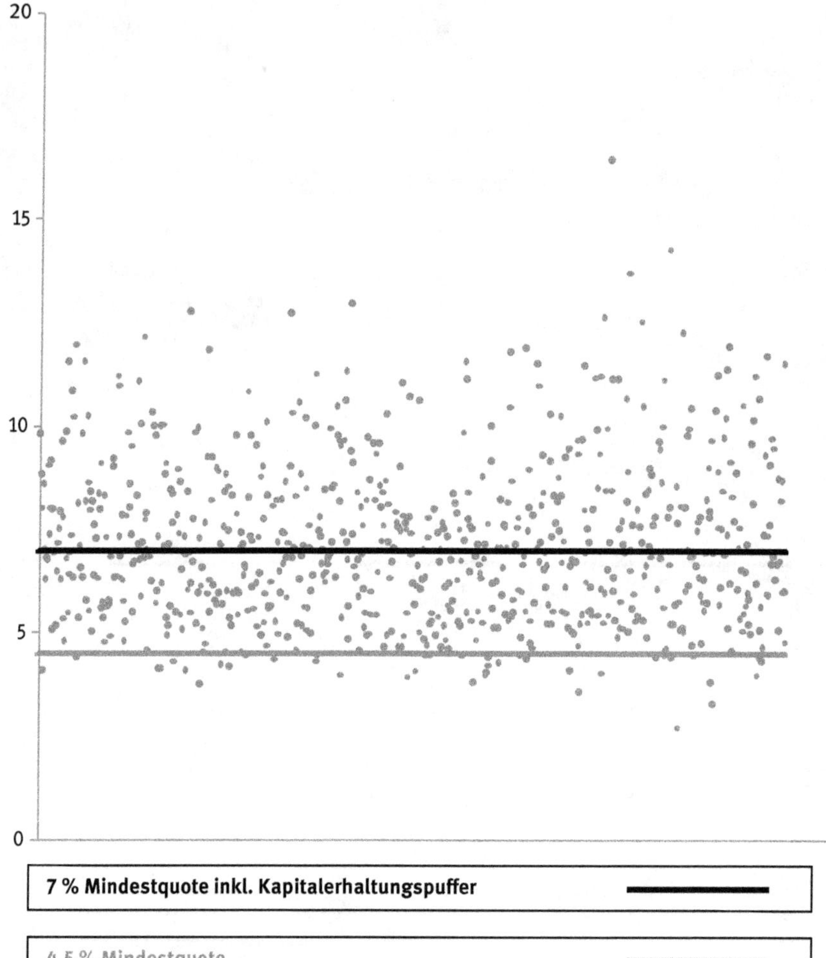

Datenbasis: 756 Volksbanken und Raiffeisenbanken in Deutschland aus dem Jahr 2013; die Betrachtung ist stichtagsbezogen–keine Planungsbilanz, kein Gewinnwachstum berücksichtigt. Die Barwertveränderung durch ZÄR ist ein Näherungswert.

Abbildung 5.11: Harte Kernkapitalquoten gemäß CRR mit Integration von Zinsänderungsrisiken in Säule 1 – Szenario 3

In der Folge verschlechtern sich die Eigenkapitalquoten deutlich. Nur 0,7 % der Banken erreichen nicht die Mindestquote von 4,5 % für das harte Kernkapital und müssten ihr Geschäftsmodell sofort anpassen bzw. sich ad hoc Eigenkapital beschaffen. Insgesamt 20,8 % (0,7 %+20,1 %) der untersuchten Banken müssten ihre Ausschüttungen einschränken, weil sie unter der Hürde von 7 % liegen.[79]

RWA [Basel III mit ZÄR | Ablauffiktion] = Risikogewichtete Aktiva [Basel III] + max. Barwertverlust + 200BP [Ablauffiktion]/0, 08

Im Szenario 3 (Abbildung 5.11) wird statt der Ablauffiktion die juristische Vertragslaufzeit der Bilanzpositionen als Basis für die Berechnung genommen. 5,3 % bzw. 40 Banken der Untersuchungsgruppe erreichen die Mindestquote für das Kernkapital von 4,5 % nicht und weitere 46,6 % der Banken wären unterhalb der 7 % und damit in ihren Ausschüttungsmöglichkeiten beschränkt.[80]

RWA [Basel III mit ZÄR | jur. Vertragslaufzeit] = Risikogewichtete Aktiva [Basel III] +(max . Barwertverlust +/- 200BP [juristische Vertragslaufzeit])/0, 08

5.4.4 Drei Zinsänderungsszenarien für die regulatorische Eigenkapitalquote

Im nächsten Schritt werden drei regulatorische Eskalationsstufen für die regulatorischen Eigenmittelquoten simuliert. Die Abbildungen 5.12, 5.13 und 5.14 illustrieren die Auswirkung der Integration der Zinsänderungsrisiken auf die regulatorische Eigenmittelquoten von 8 % bzw. 10,5 % inklusive Kapitalerhaltungspuffer.

Szenario 1 zeigt die Eigenmittelquoten der untersuchten Banken für die Anpassung an Basel III ohne Integration in Säule 1. Szenario 2 stellt die Eigenmittelquoten für die Berechnung mit Ablauffiktion dar. Szenario 3 zeigt das Extremszenario der Berechnung mit juristischer Vertragslaufzeit als Berechnungsgrundlage für die Zinsänderungsrisiken.

Im Szenario 1 (Abbildung 5.12) werden die regulatorischen Eigenmittelquoten aller Banken auf Basis der Anforderungen gemäß CRD IV ohne Berücksichtigung der Zinsänderungsrisiken in Säule 1 berechnet. Zwei Prozent der untersuchten Banken erreichen die Mindestquote von 8 % nicht. Insgesamt unterschreiten 17,9 % (2 %+15,9 %) der Banken die Mindestquote von 10,5 % (8 % plus Kapitalerhaltungspuffer von 2,5 %); d.h. zu den 2 % der Institute, die die Hürde von 8 % unterschreiten, kommen weitere 15,9 %, die mit Ausschüttungsbeschränkungen rechnen müssen.

79 Fischer, Heil, 2015b
80 Fischer, Heil, 2015b

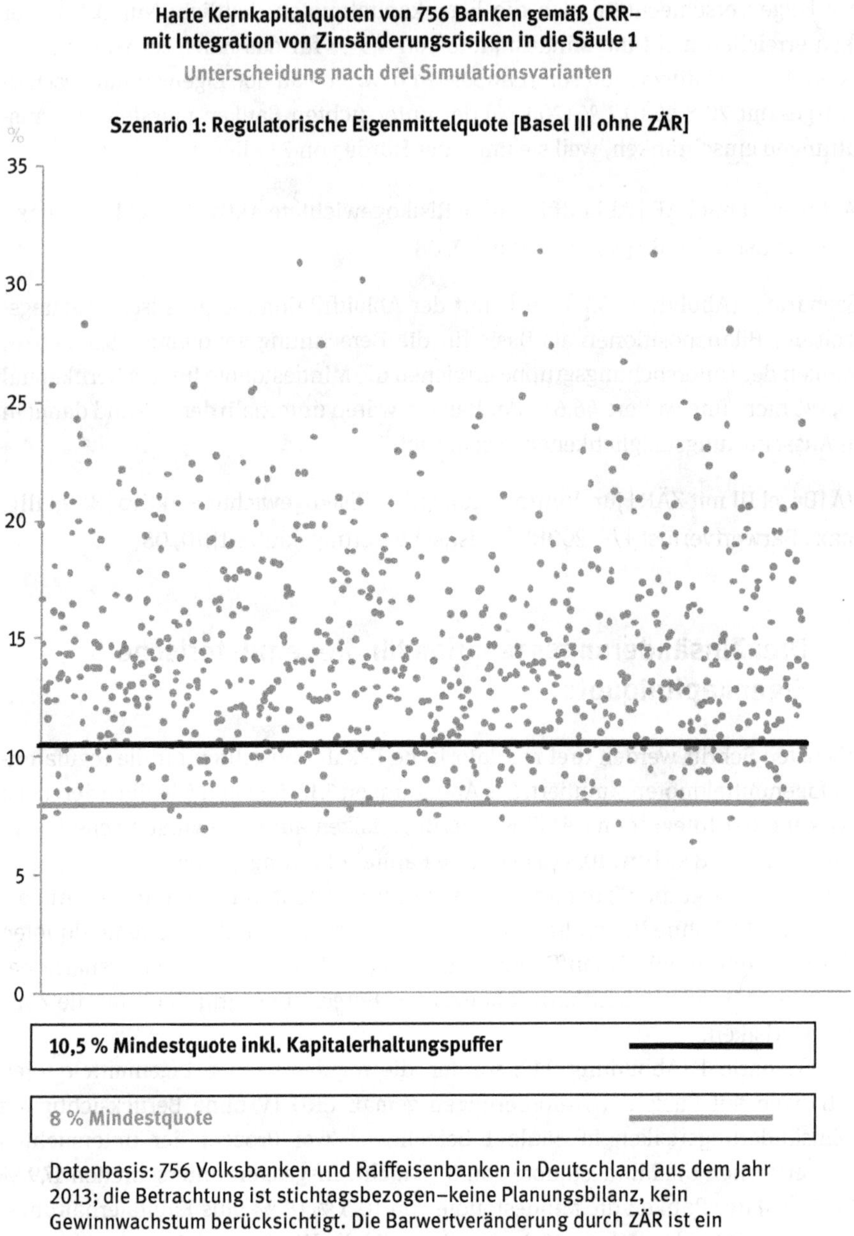

**Harte Kernkapitalquoten von 756 Banken gemäß CRR–
mit Integration von Zinsänderungsrisiken in die Säule 1**

Unterscheidung nach drei Simulationsvarianten

Szenario 1: Regulatorische Eigenmittelquote [Basel III ohne ZÄR]

10,5 % Mindestquote inkl. Kapitalerhaltungspuffer

8 % Mindestquote

Datenbasis: 756 Volksbanken und Raiffeisenbanken in Deutschland aus dem Jahr 2013; die Betrachtung ist stichtagsbezogen–keine Planungsbilanz, kein Gewinnwachstum berücksichtigt. Die Barwertveränderung durch ZÄR ist ein Näherungswert.

Abbildung 5.12: Regulatorische Eigenmittelquoten gemäß CRR mit Integration von Zinsänderungsrisiken in Säule 1 – Szenario 1

**Harte Kernkapitalquoten von 756 Banken gemäß CRR–
mit Integration von Zinsänderungsrisiken in die Säule 1**

Unterscheidung nach drei Simulationsvarianten

Szenario 2: Regulatorische Eigenmittelquote [Basel III mit ZÄR | Ablauffiktion]

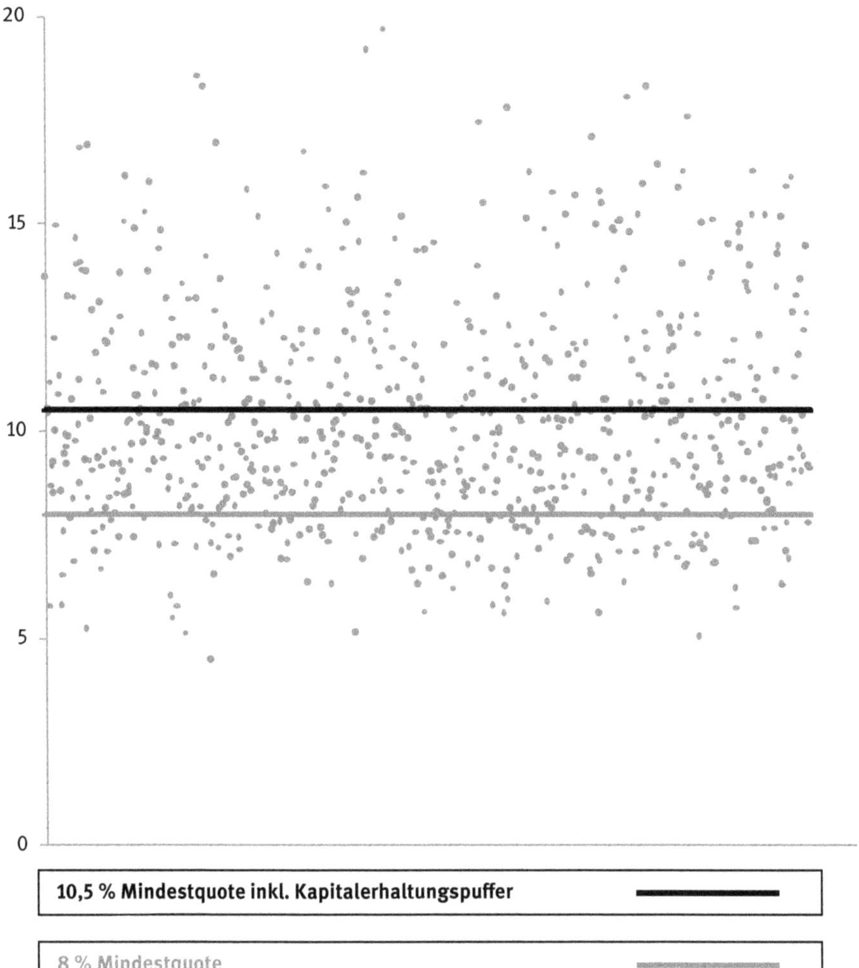

Datenbasis: 756 Volksbanken und Raiffeisenbanken in Deutschland aus dem Jahr 2013; die Betrachtung ist stichtagsbezogen–keine Planungsbilanz, kein Gewinnwachstum berücksichtigt. Die Barwertveränderung durch ZÄR ist ein Näherungswert.

Abbildung 5.13: Regulatorische Eigenmittelquoten gemäß CRR mit Integration von Zinsänderungsrisiken in Säule 1 – Szenario 2

**Harte Kernkapitalquoten von 756 Banken gemäß CRR–
mit Integration von Zinsänderungsrisiken in die Säule 1**

Unterscheidung nach drei Simulationsvarianten

Szenario 3: Regulatorische Eigenmittelquote [Basel III mit ZÄR | jur. Vertragslaufzeit]

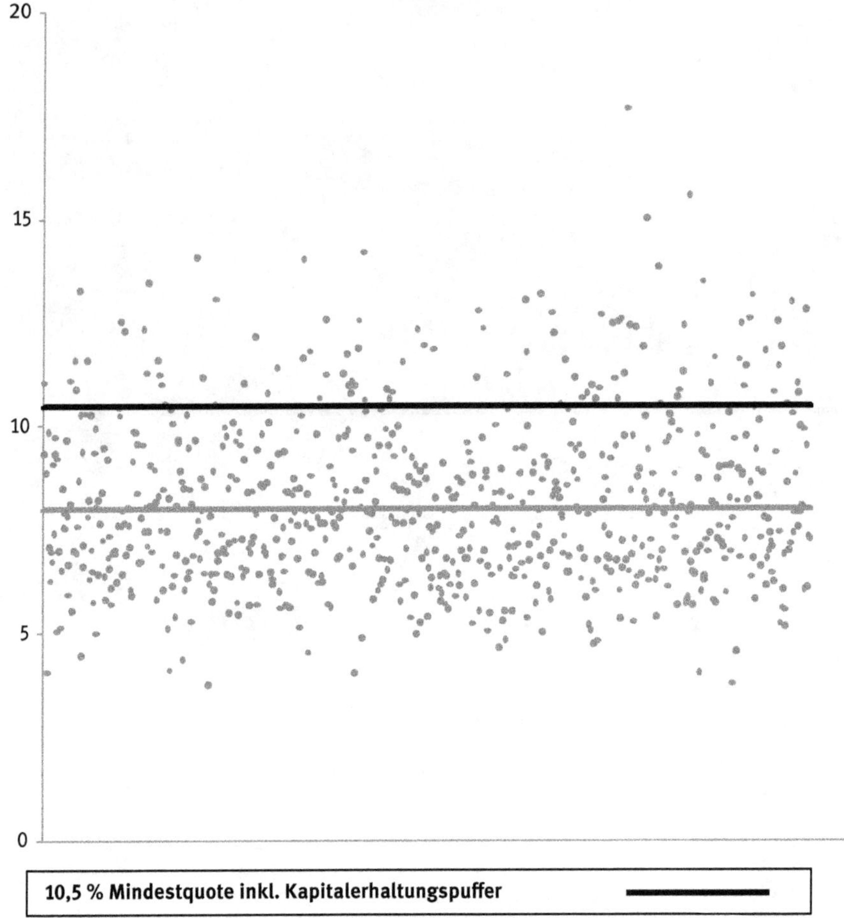

10,5 % Mindestquote inkl. Kapitalerhaltungspuffer

8 % Mindestquote

Datenbasis: 756 Volksbanken und Raiffeisenbanken in Deutschland aus dem Jahr 2013; die Betrachtung ist stichtagsbezogen–keine Planungsbilanz, kein Gewinnwachstum berücksichtigt. Die Barwertveränderung durch ZÄR ist ein Näherungswert.

Abbildung 5.14: Regulatorische Eigenmittelquoten gemäß CRR mit Integration von Zinsänderungsrisiken in Säule 1 – Szenario 3

Regulatorische Eigenmittelquote [Basel III ohne ZÄR] = Regulatorische Eigenmittel [Basel III]/RWA [Basel III]

Szenario 2 (Abbildung 5.13) zeigt die Integration der Zinsänderungsrisiken in der Säule 1 und Berechnungsgrundlage für die Zinsänderungsrisiken ist die Ablauffiktion. 20 % der Banken (58 Banken) erreichen die Mindestquote von 8 % nicht und weitere 40,4 % der Untersuchungsgruppe müssten zumindest ihre Ausschüttungen einschränken, da sie unter der Mindestquote inklusive Kapitalerhaltungspuffer von 10,5 % liegen.

Szenario 3 (Abbildung 5.14) nutzt für die Berechnung der Zinsänderungsrisiken das Extremszenario der juristischen Vertragslaufzeit als Kalkulationsbasis.

Insgesamt 81 Banken bzw. 53,3 % unterschreiten die Mindestquote von 8 %; weitere 33,6 % der Banken unterschreiten die Mindestquote inklusive Kapitalerhaltungspuffer von 10,5 % und wären damit in ihren Ausschüttungsmöglichkeiten beschränkt. Im Extremszenario der juristischen Vertragslaufzeit wären also insgesamt 86,9 % der untersuchten Banken unterhalb der Schwelle von 10,5 %.

5.4.5 Bewertung empirische Untersuchungen zu Zinsänderungsrisiken

Eine Standardisierung über die Vorgabe von festgelegten Mischungsverhältnissen zur Abbildung des Zinsänderungsrisikos in Positionen ohne feste Zins- und Kapitalbindung kann zu Fehlsteuerungsimpulsen bei Kreditinstituten führen. In der Folge sinken die Erträge und die Gefahr der Fehlerfassung der tatsächlichen Risikoposition.[81]

Vielfach diskutiert wird auch die Frage wie sich strukturelle Änderungen in der Zinsstruktur auf das Ergebnis von Banken auswirken. Diese Frage hat insbesondere vor dem Hintergrund des bereits lange andauernden Niedrigzinsniveaus an Bedeutung gewonnen. Busch und Memmel zeigen beispielsweise, dass eine Zinserhöhung mittel- bis langfristig einen positiven Einfluss auf das Zinsergebnis der Banken hat. In Zahlen bedeutet dies eine Steigerung der Zinsspanne um ca. 7 Basispunkte pro 100 Basispunkte Zinsniveauerhöhung.[82]

Die Deutsche Bundesbank sieht in einem anhaltenden Niedrigzinsumfeld das Risiko, dass ertragsschwächere Institute risikobereiter werden und versuchen, einen geringeren Konditionenbeitrag durch einen höheren Strukturbeitrag auszugleichen; es wird insbesondere auf die stark vom Zinsüberschuss abhängigen Sparkassen und Kreditgenossenschaften verwiesen.[83]

81 Siehe beispielsweise Pilgram, Sievi, Uphoff, 2015; Grob, Krob, Volkenner, Walter, 2012
82 Busch, Memmel, 2015
83 Deutsche Bundesbank, 2014

Der Konditionenbeitrag berechnet sich aus der Differenz zwischen dem vereinbarten Kundenzins und der Zinserlöse aus einer laufzeitgleichen Anlage am Geld- und Kapitalmarkt. Der Strukturbeitrag resultiert hauptsächlich aus Zinsbindungsdifferenzen zwischen Aktiv- und Passivgeschäft und repräsentiert den Teil des Zinsüberschusses, den eine Bank durch Fristentransformation erzielt.[84]

Die Veränderung des Strukturbeitrags im Zeitverlauf beeinflusst die Zinsmarge bei Sparkassen und Kreditgenossenschaften deutlich. Bankspezifische Managemententscheidungen sind laut einer Studie von Memmel zu 83 % für Anpassungen des Zinsänderungsrisikos verantwortlich, während die Regulierung d.h. die quantitative Begrenzung des Zinsänderungsrisikos über Säule 2 von Basel II nur 8 % der Veränderung erklären.

Durch die möglichen aufsichtsrechtlichen Eskalationsszenarien der Eigenkapitalunterlegungsvorschriften für das Zinsänderungsrisiko ergibt sich zukünftig zwangsläufig eine stärkere Gewichtung des Einflusses der Regulierung.

Tabelle 5.2 zeigt den Anteil der Erträge aus der Fristentransformation an den Zinseinkünften im Zeitverlauf für die jeweiligen Bankengruppen. Dabei ist zu erkennen, dass der Anteil der Fristentransformation deutlichen Schwankungen im Zeitverlauf unterworfen ist. So liegt der Anteil bei den Kreditgenossenschaften im Jahr 2008 bei 4,7 %, während der Anteil im Jahr 2009 bereits 24,8 % beträgt.[85]

In einer etwas aktuelleren Arbeit von Busch und Memmel, die speziell das Jahr 2012 untersucht, wird gezeigt, dass bei der durchschnittlichen deutschen Bank sogar ca. ein Drittel (35 %) des Zinsüberschusses aus der Fristentransformation stammt. Eine weitere Untergliederung nach einzelnen Bankengruppen erfolgte hier jedoch nicht.[86]

Tabelle 5.2: Anteil der Fristentransformation an den Zinserträgen p.a. im Zeitverlauf[87]

Bankengruppe	2005	2006	2007	2008	2009	2005–2009
Privatbanken	11,2 %	6,2 %	1,8 %	1,4 %	8,7 %	4,6 %
Sparkassen	25,8 %	18,2 %	6,5 %	4,8 %	24,9 %	14,6 %
Genossenschaftsbanken	23,5 %	16,8 %	5,9 %	4,7 %	24,8 %	12,7 %
Sonstige Banken	21,3 %	15,4 %	5,6 %	2,9 %	13,5 %	8,7 %
Alle Banken	23,8 %	16,9 %	5,9 %	4,6 %	24,3 %	12,3 %

Zinsänderungsrisiken werden auch über den Aufbau entsprechender Positionen im Handelsbuch eingegangen. Die ausschließliche Fokussierung auf den Strukturbeitrag stellt keine ganzheitliche Betrachtung der Zinsänderungsrisiken dar. Zudem kann keine Aussage abgeleitet werden ob und inwiefern von der Fristentransformation ein

84 Becker, Peppmeier, 2011
85 Memmel, 2010
86 Busch, Memmel, 2014
87 Darstellung nach Memmel, 2010

übermäßiges Risiko ausgeht oder nicht. Nach Naumer und Schneider ist tendenziell eine Reduktion des zur Fristentransformation eingesetzten Zinsbuchhebels im Bankensektor erkennbar.

Die angeführten Gründe hierfür sind zum einen Effizienzüberlegungen vor dem Hintergrund des Niedrigzinsumfeldes und zum anderen gestiegene aufsichtsrechtliche Anforderungen. Die Ausführungen wurden jedoch nicht mit Zahlenbeispielen unterlegt.[88]

5.4.6 Unterschiede in Europa

Zinsänderungsrisiken im Anlagebuch stellen für viele Banken in Europa eine wesentliche Risikoart und Ertragsquelle dar. Die Fristentransformation hat auch volkswirtschaftliche Aufgaben, da sie die zeitlich unterschiedlichen Konsum- und Investitionsbedürfnisse von Individuen und Unternehmen erst möglich macht. Kleine und mittlere Unternehmen sowie Privatpersonen sind bei langfristigen Finanzierungen auf hinreichende Planungssicherheit angewiesen – beispielswiese bei der Finanzierung eines gewerblichen Fuhrparks oder des Eigenheims. Ein durch die Aufsicht verursachter Wechsel der Finanzierungskultur hin zu variabel verzinslichen, kurzfristigen Krediten zwingt die Kreditnehmer, die gesamten Zinsänderungsrisiken selbst zu übernehmen. Der deutsche Unternehmensfinanzierungsmarkt ist primär auf den Bankkredit ausgerichtet, der in der Bankbilanz verbucht wird. Angelsächsische Unternehmen sind dagegen primär kapitalmarktorientiert.

Zudem haben variabel verzinsliche Kredite in den USA oder in Großbritannien eine weitaus größere Bedeutung als in Deutschland. Für die meisten deutschen Mittelständler ist schon aus Kostenaspekten das Platzieren einer Unternehmensanleihe am Geld- und Kapitalmarkt nicht zu empfehlen. Erst ab einem Volumen im gehobenen zweistelligen Millionenbereich kann die Kapitalmarktfinanzierung für die KMU wirtschaftlich zweckmäßig werden.[89]

Im Gegensatz zu den relativ hohen Anforderungen der Anleiheemittenten an das Finanzierungsvolumen hat der durchschnittliche Mittelstandkredit der bayerischen Volksbanken und Raiffeisenbanken eine Summe von 130.000 Euro. Diese Zahl zeigt, dass der deutsche Mittelstand nicht wesentlich mit einer Kapitalmarktfinanzierung versorgt werden kann. Eine Eigenkapitalunterlegungspflicht für Zinsänderungsrisiken bei deutschen Banken hätte sicherlich negative Folgen für die Fremdfinanzierungskosten des deutschen Mittelstands.[90]

---

88 Naumer, Schneider, 2014

89 Hausschild, Kral, 2013

90 WGZ Bank, BVR, DZ Bank, 2013, S. 15: „Bei der großen Mehrheit der Mittelständler (84 Prozent) soll der Finanzierungsbedarf auch weiterhin über einen Bankkredit gedeckt werden. An zweiter Stelle folgt die Innenfinanzierung."

Das Zinsänderungsrisiko darf für die Beurteilung der volkswirtschaftlichen Finanzierung natürlich nicht isoliert gesehen werden, da auch weitere Regulierung wie z.B. die Net Stable Funding Ratio (NSFR) negative Folgen auf die Langfristfinanzierung zu Festkrediten hat. Volksbanken und Raiffeisenbanken werden die Kosten einer verschärften Regulierung bei Zinsänderungsrisiken sicherlich teilweise an die Kunden weitergeben müssen. Die Schaffung eines gemeinsamen „level playing fields" mit internationaler Standardsetzung in der Regulierung ist einerseits zu begrüßen. Andererseits kann aber die Vereinfachung von Regeln schnell zu einem pragmatischen aber realitätsfernen „one size fits all" führen.

Ohne Zweifel ist die Wettbewerbsfähigkeit bei kleinen und mittleren Unternehmen von Land zu Land in Europa sehr unterschiedlich ausgeprägt. Die Finanzierungskulturen unterscheiden sich historisch bedingt und auch die Kreditnehmer unterscheiden sich in durchschnittlicher Größe, Internationalität, Eigenkapitalquoten, Wachstum oder Eigenkapitalrendite dramatisch.

Eine undifferenzierte Vereinheitlichung der Regulatorik kann zur Zerstörung von jahrzehntelang bewährten Finanzierungsstrukturen führen. Eine Eigenkapitalunterlegung für Zinsänderungsrisiken und die Einführung der NSFR können die langfristige Festzinsfinanzierung in Deutschland angreifen.

6 Die Auswirkungen der Regulierung auf die Rentabilität von Kreditgenossenschaften

Seit dem 1. Januar 2014 wird in Europa die Regulierung von Basel III in der Ausprägung CRD IV implementiert. Die wesentlichen Bausteine der neuen Regulierung umfassen eine strengere Definition des aufsichtsrechtlichen Kapitals, eine stärkere Gewichtung des harten Kernkapitals, höhere Mindestkapitalquoten, die Einführung eines antizyklischen Puffers sowie einer Höchstverschuldungsquote (Leverage Ratio), strengere Anforderungen an die Liquidität (LCR und NSFR) und die stärkere Berücksichtigung von Kontrahentenrisiken. Außerdem werden künftig Kapitalaufschläge für systemrelevante Banken notwendig.

Zwar existieren zahlreiche Untersuchungen, die aus den strengeren Vorschriften negative Folgen für die Rentabilität von Banken ableiten, aber eine genaue Quantifizierung für bestimmte Finanzkennzahlen liefern bislang nur wenige Studien. Es fehlt also insbesondere an konkreten Zahlen, mit denen die Regulierungsauswirkungen auf die Ertragskraft der Bankgeschäftsmodelle in Szenarien berechnet werden können. Der Fokus dieses Kapitels liegt daher in der Analyse existierender Regulierungsstudien sowie der Ableitung von Rentabilitätsparametern für die Prognoserechnungen in Banken.

Die analysierten makroökonomischen Studien zeigen in der Regel die gesamtwirtschaftlichen Auswirkungen mit Hilfe von Kosten-/Nutzenanalysen, die zunächst die regulierungsbedingte Veränderung der Kapitalkosten ermitteln. Es folgt die Schätzung der gesamtwirtschaftlichen Kosten unter Berücksichtigung verschiedener Handlungsalternativen der Finanzinstitute wie z.B. die Anpassung der Kundenkonditionen oder die Reduzierung der risikogewichteten Aktiva.

Die analysierten mikroökonomischen Studien untersuchen primär den regulierungsinduzierten absoluten Kapitalbedarf einzelner Institute oder einer Gruppe von Banken. Die kritische Bewertung der jeweiligen Studienergebnisse und die Evaluierung von Reaktionsmöglichkeiten der Kreditinstitute auf die regulatorischen Änderungen stehen im Mittelpunkt der Untersuchung.

6.1 Schätzung der quantitativen Auswirkungen auf die Rentabilität

Banken können verschiedene Handlungsalternativen nutzen, um auf regulatorische Änderungen zu reagieren. In den untersuchten Studien werden die Alternativen entweder als ad hoc Strategie oder als Optimierungsstrategie über den Zeitablauf simuliert. Viele Studien der Untersuchungsgruppe beziehen sich insbesondere auf die Vorgaben für neue Mindestkapitalanforderungen, da hier zum Zeitpunkt der

DOI 10.1515/9783110487589-006

Durchführung der betrachteten Studien im Gegensatz zu anderen neuen regulatorischen Kennziffern schon belastbare Größen vorgelegen haben. Insgesamt wurden die Ergebnisse von 23 Studien ausgewertet, von denen jedoch nur 13 teilweise vergleichbare Ergebnisse zur Schätzung der durch die Regulierung entstehenden Delta-Parameter liefern. Hierbei ist zu beachten, dass Unterschiede bei den getroffenen Annahmen, bei den betrachteten Zeiträumen, den untersuchten Ländern, bei der Zahl der untersuchten Banken, bei der Größe der Kreditinstitute und beim Geschäftsmodell berücksichtigt werden müssen.

Auch bei der Definition der Kapitalgrößen existieren Unterschiede in den Studien. Je nach Untersuchung wird ein Wachstum des harten Kernkapitals (CET1), des zusätzlichen Kernkapitals (Additional Tier 1), des Ergänzungskapitals (Tier 2 Capital) oder eine Kombination aus den drei Größen unterstellt.

Die Mehrzahl der Studien bezieht die Veränderung auf die Kapitalgrößen CET1 und Additional Tier 1, während das Ergänzungskapital (Tier 2 Capital) nicht in die Kalkulation einbezogen wird.[1] In empirischen Untersuchungen handelt es sich bei den analysierten Banken zumeist um die größeren Institute verschiedener Länder, während die eher kleinen Primärinstitute von Kreditgenossenschaften kaum in die Betrachtung eingeflossen sind.

Eine ebenfalls verbreitete Herangehensweise besteht in der Analyse ohne empirische Grundlage. Dabei wird in der Regel eine repräsentative Bankbilanz ohne direkten Rückgriff auf empirische Daten erstellt und anschließend werden Szenario-Rechnungen durchgeführt.[2] Tabelle 6.1 zeigt einen Überblick der im Rahmen dieses Kapitels analysierten Studien.

Tabelle 6.1: Studienübersicht

#	Autor	Titel	Veröffentlichung
1	King	Mapping capital and liquidity requirements to bank lending spreads	2010
2	Schätzle	Impacts of Basel III capital regulation to German cooperative banks – An empirical analysis based on a balance sheet simulation	o.J.
3	Elliott	Quantifying the Effects on Lending of Increased Capital Requirements	2010
4	Kashyap, Stein, Hanson	An analysis of the impact of „substantially heightened" capital requirements on large financial institutions	2010

1 Ausnahmen stellen die Studien von McKinsey, 2010 und BCG, 2011 dar. Dort wird von einer Vollumsetzung der zum Zeitpunkt der Untersuchung bekannten Vorhaben ausgegangen.

2 Dieser Ansatz wird von Elliott, 2010; Admati, DeMarzo, Hellwig, Pfleiderer, 2013 und Berg, Uzik, 2011 verfolgt.

Tabelle 6.1: (fortgesetzt)

#	Autor	Titel	Veröffentlichung
5	Bonner	Liquidity Regulation, Funding Costs and Corporate Lending	2012
6	European Banking Authority	Reshults of 2014 EU-wide stress test	2014
7	Schmaltz, Pokutta, Heidorn, Andrae	How to make regulators and shareholders happy under Basel III	2013
8	Macroeconomic Assessment Group	Assessing the macroeconomic impact of the transition to stronger capital and liquidity requirements	2010
9	De Nicolò, Gamba, Lucchetta	Capital Regulation, Liquidity Requirements and Taxation in a Dynamic Model of Banking	2012
10	Brides, Gregory, Nielse, Pezzini, Radia, Spaltro	The impact of capital requirements on bank lending	2014
11	Dietrich, Wanzen-ried, Hess	The good and bad news about the new liquidity rules of Basel III in Western European countries	2013
12	McKinsey & Company	Basel III and European banking: Its impact, how banks might respond, and the challenges of implementation	2010
13	Committee of European Banking Supervisors	Results of the comprehensive quantitative impact study	2010
14	Deutsche Bundes-bank	Ergebnisse des Basel III Monitoring für deutsche Institute	2015
15	Admati, DeMarzo, Hellwig, Pfleiderer	Fallacies, Irrelevant Facts, and Myths in the Discussion of Capital Regulation: Why Bank Equity is Not Socially Expensive	2013
16	Boston Consulting Group	Risk Report 2011	2011
17	Bank of England	Financial Stability Report	2014
18	Berg, Uzik	Auswirkungsstudie Basel III – Die Folgen für den deutschen Mittelstand	2011
19	Marchesi, Giudici, Cariboni, Zedda, Campolongo	Macroeconomic cost-benefit analysis of Basel III minimum capital requirements and of introducing Deposit Guarantee Schemes and Resolution Funds	2012
20	Miles, Yang, Marcheggiano	Optimal bank capital	2011
21	Basler Ausschuss für Bankenaufsicht	An assessment of the long-term economic impact of stronger capital and liquidity requirements	2010
22	Slovik, Cournède	Macroeconomic Impact of Basel III	2011
23	Reifner, Neuberger, Rissi, Clerc-Renaud	CRD IV – Impact Assessment of the Different Measures within the Capital Requirements Directive IV	2011

Integriert wurden auch zwei Untersuchungen, die eine Veränderung der Kapitalgrößen abweichend von der Summe aus hartem Kernkapital (CET1) und zusätzlichem Kernkapital (Additional Tier 1) unterstellen.[3]

6.1.1 Eigenkapitalrendite

Die Eigenkapitalrendite (ROE) gehört zu den wichtigsten Kennzahlen einer Bank zur Steigerung des Unternehmenswerts.[4] Abbildung 6.1 zeigt die geschätzten jährlichen negativen Auswirkungen auf die Eigenkapitalrendite bis zur Vollumsetzung der Kapitalanforderungen im Jahr 2019. Die Bandbreite der Veränderung reicht von Delta-ROE minus 14 Basispunkten bis zu minus 111 Basispunkten, wobei der Median bei minus 39 Basispunkten liegt und der Mittelwert bei minus 64 Basispunkten.

Allerdings bestehen bei den Berechnungen zur Veränderung des ROE große Unterschiede hinsichtlich der verwendeten Bewertungskriterien. So wird einmal der NSFR-Effekt[5] explizit berücksichtigt; einmal reichen die Angaben für Rückschlüsse auf die berücksichtigten Kennziffern nicht aus und einmal wird statt dem ROE eine EBT-Rendite[6] verwendet. Dementsprechend liefert die gezeigte Bandbreite der Eigenkapitalrendite zwar einen Ansatzpunkt für Szenarioberechnungen; die Belastbarkeit sollte durch weitere Schätzungen verifiziert werden. Das Expertenteam der Bank muss bei der Anwendung der Bandbreiten für die Ertragsprognoserechnung auch das spezifische Geschäftsmodell berücksichtigen.

Unbestreitbar ist die aus dem Konsens der Studien hervorgehende negative Auswirkung der Regulierung auf die Eigenkapitalrentabilität und die daraus entstehenden Konsequenzen für das Geschäftsmodell. Kreditinstitute können beispielsweise reagieren, indem sie Effizienzmaßnahmen einsetzen, indem sie neue Produktideen kreieren oder indem sie die Kosten der Regulierung auf die Kunden abwälzen, was sicherlich nicht im Interesse zum Beispiel der Kundengruppe mittelständische Wirtschaft liegt.

---

3 Es handelt sich hierbei um die Studien von Berg, Uzik, 2011 im Auftrag des BVMW und Miles, Yang, Marcheggiano, 2011, die beide ausschließlich eine Änderung des harten Kernkapitals (CET1) unterstellen.

4 Grabenbauer, Fischer, 2014

5 McKinsey bezieht bei der Ermittlung des ROE die NSFR (Stand November 2010) ein, während die Studie von Boston Consulting Group keine Angaben zu den berücksichtigten Kennziffern macht. Vgl. McKinsey, 2010; BCG, 2011; Die Schätzung von BCG, 2011 basiert zudem auf einer im Juli und August 2011 durchgeführten Umfrage.

6 Die Studie im Auftrag des Bundesverbands mittelständische Wirtschaft führt alle Berechnungen auf Grundlage von fiktiven Bilanz- sowie Gewinn- und Verlustrechnungen eines typisierten Finanzinstituts durch. Allerdings wird in dem verwendeten Modell kein Return on Equity, sondern eine EBT-Rendite als Ersatzvariable verwendet. Vgl. Berg, Uzik, 2011

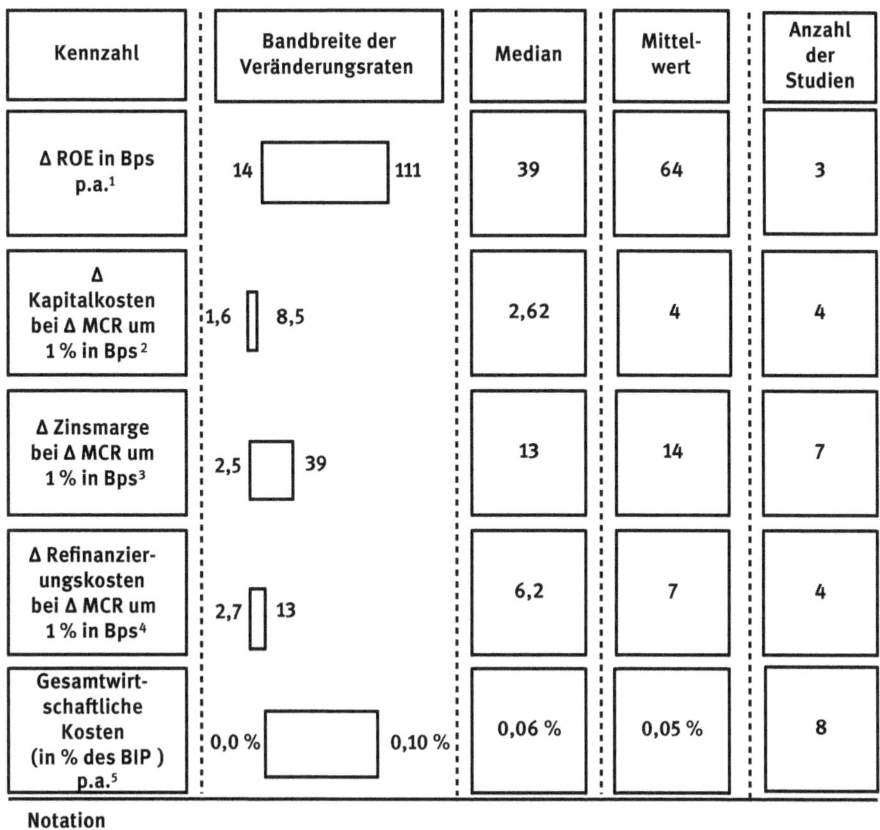

Kennzahl	Bandbreite der Veränderungsraten	Median	Mittelwert	Anzahl der Studien
Δ ROE in Bps p.a.[1]	14 – 111	39	64	3
Δ Kapitalkosten bei Δ MCR um 1 % in Bps[2]	1,6 – 8,5	2,62	4	4
Δ Zinsmarge bei Δ MCR um 1 % in Bps[3]	2,5 – 39	13	14	7
Δ Refinanzierungskosten bei Δ MCR um 1 % in Bps[4]	2,7 – 13	6,2	7	4
Gesamtwirtschaftliche Kosten (in % des BIP) p.a.[5]	0,0 % – 0,10 %	0,06 %	0,05 %	8

Notation

[1] Jährliche Veränderung des Return On Equity (ROE), wenn keine Gegenmaßnahmen eingeleitet werden, in Basispunkten.

[2] Veränderung der gewichteten durchschnittlichen Kapitalkosten (WACC) bei einer Veränderung der Mindestkapitalanforderungen (MCR) um einen Prozentpunkt, in Basispunkten.

[3] Veränderung der Zinsmarge (Differenz zwischen Einlage-und Kreditzinsen) bei einer Veränderung der Mindestkapitalanforderungen (MCR) um einen Prozentpunkt, in Basispunkten.

[4] Veränderung der Kosten für die Aufnahme von Fremdkapital bei einer Veränderung der Mindestkapitalanforderungen (MCR) um einen Prozentpunkt, in Basispunkten.

[5] Kosten für die jeweilige Volkswirtschaft nach Berücksichtigung des Nutzens der Regulierung, ausgedrückt als Prozentsatz des Bruttoinlandsprodukts (BIP) pro Jahr.

Abbildung 6.1: Auswirkungen regulatorischer Änderungen auf Finanzkennzahlen

6.1.2 Kapitalkosten der Banken

Bei der Messung einer Veränderung der Kapitalkosten durch die Regulierung gibt es unterschiedliche Herangehensweisen in den verschiedenen Studien. Die Unterstellung einer möglichen Veränderung der Kapitalkosten aufgrund höherer Eigenkapitalanforderungen führt zur Infragestellung der von Modigliani und Miller veröffentlichten These, dass eine Änderung der Kapitalstruktur unter bestimmten restriktiven Annahmen zu keiner Änderung der Kapitalkosten führt.[7]

Bei Banken bildet das Eigenkapital jedoch eine Besonderheit, da die Mindesthöhe des Eigenkapitals für den Geschäftsbetrieb im Gegensatz zu Industrieunternehmen extern durch die Aufsicht vorgegeben wird. Auch beim Fremdkapital gibt es eine Besonderheit, da erstens eine kurzfristige Refinanzierung über die Zentralbank möglich ist. Zweitens bilden die Einlagen der Kunden das Rohmaterial für die Produktion der Bank, wobei sich buchhalterisch durch die Fremdfinanzierung mit Einlagen keine Kosten sondern Margenerträge ergeben.[8]

Ein weiterer Grund warum die These von Modigliani und Miller in diesem speziellen Fall nicht zutrifft ist, dass Kunden über ihre Einlagen nicht nur aufgrund von Renditeerwartungen entscheiden; die Entscheidung fällt auch aufgrund der angebotenen Dienstleistungen, wie z.B. der Möglichkeit der Bargeldabhebung am Geldautomaten bei einem Institut im Gegensatz zum anderen Institut. Die Verwaltung von Kundeneinlagen als Teil der produktiven Tätigkeit von Banken ist somit teilweise unabhängig von der am Rentenmarkt für die Aufnahme von Fremdkapital geforderte Rendite.[9] Da die betrachteten Studien die Anwendbarkeit von Modigliani und Miller unterschiedlich bewerten, hat dies konsequenterweise auch Auswirkungen auf das Delta der Kapitalkosten durch die Regulierung.

Insgesamt zeigen die Ergebnisse der analysierten Regulierungsstudien zur Veränderung der Kapitalkosten aufgrund höherer Eigenkapitalquoten in Abbildung 6.1, dass aufgrund der Erhöhung um wenige Basispunkte isoliert gesehen keine unüberbrückbaren Folgen für das Geschäftsmodell zu befürchten sind. Bei einer Erhöhung der Eigenkapitalquoten um einen Prozentpunkt erhöhen sich die gewichteten Eigen- und Fremdkapitalkosten um 1,6 bis 8,5 Basispunkte.

Mittelfristig tragen erhöhte Kapitalkosten ihren – wenn auch kleinen – Teil zur Summe der Regulierungsauswirkungen bei. Langfristig könnten deutlich höhere Eigenkapitalquoten sogar zu niedrigeren Eigenkapitalrenditeerwartungen der Aktionäre führen, sofern sich die Banken dann als stabile „Dividendenwerte" statt als hochriskante Titel beweisen können.

7 Modigliani, Miller, 1958
8 Fischer, Lanz, 2004
9 Admati et al., 2013

6.1.3 Zinsmarge, Refinanzierungskosten und gesamtwirtschaftliche Auswirkungen

Bei einer Änderung der Mindestkapitalanforderungen um einen Prozentpunkt zeigt sich in Abbildung 6.1 ein Delta von 2,5 bis 39 Basispunkten für die Zinsmarge. Der Median und der Mittelwert liegen für die Zinsmarge bei 13 respektive 14 Basispunkten. Die Refinanzierungskosten steigen in einer Bandbreite von 2,7 bis 13 Basispunkten. Gesamtwirtschaftlich betrachtet steigen die Kosten bei Delta Mindestkapitalanforderung +1 % um einen Mittelwert von 5 Basispunkten oder einen Median von 6 Basispunkten jeweils bezogen auf das Bruttoinlandsprodukt.

Weder der Median noch der Mittelwert dürfen als sichere erwartete Auswirkungen auf die jeweilige Kennzahl interpretiert werden. Kritisch ist die geringe Zahl an Beobachtungen; beispielweise wird der jährliche Einfluss auf den ROE nur in drei der 23 analysierten Studien gemessen. Zudem gilt es, die länder- und bankspezifischen Unterschiede bei der Interpretation der jeweiligen Studien zu beachten. Interpretationsspielraum besteht auch bei Rückschlüssen auf den deutschen Bankenmarkt, da in den Studien auch der US Markt, die Eurozone allgemein oder Großbritannien untersucht wurden.

6.1.4 Einbeziehung von LCR, NSFR und Leverage Ratio

Die Gewährleistung eines stabilen Finanzierungsprofils für die Aktivitäten der Bank wird im Rahmen von Basel III mit den Kennzahlen NSFR und LCR umgesetzt. Die NSFR soll das Risiko künftiger Finanzierungsprobleme über einen längeren Zeithorizont begrenzen, während die LCR die Widerstandsfähigkeit des kurzfristigen Liquiditätsrisikoprofils gewährleisten soll.[10] Mit der Leverage Ratio wird eine Verschuldungsquote eingeführt, bei der das vorhandene Eigenkapital einer Bank in das Verhältnis zu den Aktiva und den außerbilanziellen Positionen gesetzt wird. Dadurch soll der Verschuldungsgrad einerseits generell limitiert werden und andererseits soll eine Korrekturkennziffer geschaffen werden, die möglichen Fehlern der risikobasierten Eigenkapitalunterlegung entgegenwirkt.[11] Die Kennzahlen LCR, NSFR und Leverage Ratio bleiben bei der Mehrzahl der untersuchten Studien ohne Berücksichtigung.

Nur eine der insgesamt 23 Studien versucht den Einfluss der NSFR als auch der LCR auf die Refinanzierungskosten der Banken zu messen.[12] Der Zusammenhang zwischen NSFR und der Zinsmarge sowie der Zusammenhang zwischen ROE und NSFR

---

10 Basler Ausschuss für Bankenaufsicht, 2014

11 Deutsche Bundesbank, 2011

12 Reifner et al., 2011

werden auch von jeweils nur einer der 23 betrachteten Studien untersucht.[13] Bei der LCR macht eine Studie Angaben zur Zinsmarge und eine weitere Studie Angaben zum Einfluss auf die Refinanzierungskosten.[14] Eine Untersuchung berechnet die Auswirkungen der Leverage Ratio auf den ROE.[15] Insgesamt zeigt sich, dass die existierenden Berechnungen zu den Auswirkungen von NSFR, LCR und Leverage Ratio nur Einzelstudien sind und daher Darstellungen von Median- oder Durchschnittsergebnissen nicht möglich sind.

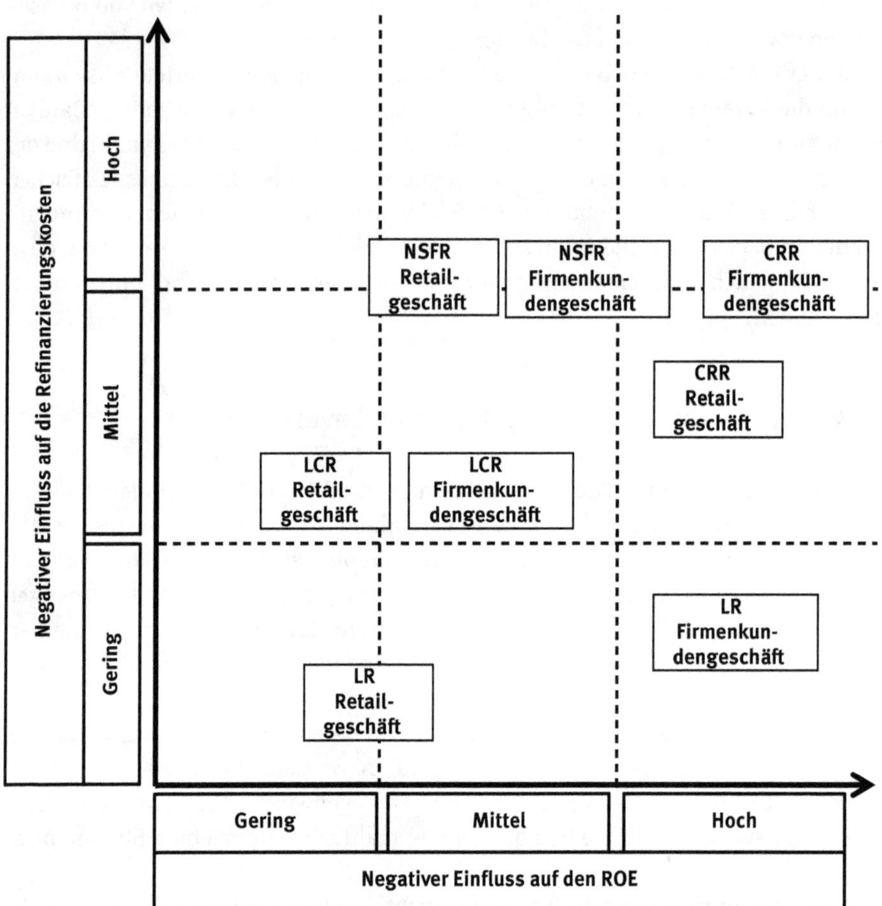

Abbildung 6.2: Auswirkungen der Basel III Kennziffern auf ROE und Refinanzierungskosten

13 Slovik, Cournède, 2011; McKinsey, 2010
14 Bonner, 2012; Reifner et al., 2011
15 McKinsey, 2010

Die Abbildung 6.2 zeigt die geschätzte Relevanz des Einflusses von Basel III Kennziffern auf die Refinanzierungskosten und die Eigenkapitalrendite.

Die strengeren Anforderungen an das Eigenkapital haben den stärksten negativen Einfluss auf den Return on Equity, während der Einfluss der anderen Kennzahlen für eine typische Retail Bank eher gering ausfallen sollte. Hingegen kann die Leverage Ratio insbesondere beim Geschäftsmodell einer Firmenkundenbank deutlich negative Auswirkungen haben, falls durch die Begrenzung des Hebels bestimmte Geschäftsfelder geschrumpft werden müssen.

Die Kennzahlen LCR, NSFR und LR stellen für die Banken neue Herausforderungen bei der Kostenkalkulation dar. Beispielsweise verursacht das durch die Einführung der Leverage Ratio gebundene Kapital Kosten, die nur unberücksichtigt bleiben können, wenn aufgrund der Risikostruktur des Kreditportfolios der Bank die Einhaltung der Leverage Ratio ohnehin gewährleistet ist.

Um diese Kapitalkosten adäquat zu berücksichtigen muss ein geeignetes Kalkulationsmodell zur Ermittlung des Wertbeitrags der jeweiligen Einzelgeschäfte entwickelt werden. Würde der Leverage Ratio Kostenblock eines Kredits einfach auf Basis des Kreditnominalvolumens ermittelt, könnten gerade Ausleihungen mit guter Bonität im Regelfall einen negativen Wertbeitrag liefern und in der Konsequenz als nicht kostendeckend abgelehnt werden. In diesem Fall besteht die Gefahr der Verhinderung von Kreditgeschäften aus rein aufsichtsrechtlichen Gründen; ansonsten wären diese Kredite betriebswirtschaftlich zweckmäßig und würden einen positiven Wertbeitrag liefern.[16]

Banken müssen neue Anforderungen an die Liquidität erfüllen und Opportunitätskosten kalkulieren, die sich durch das Vorhalten hochliquider Aktiva zur Abfederung potentieller Abflüsse aus Produkten ohne feste Kapitalbindung ergeben. Die Opportunitätskosten entstehen durch die niedrigere Verzinsung hochliquider Anlagen im Vergleich zu weniger liquiden Anlagen.[17] Aufgrund der Bemühungen von Banken zur Erfüllung der Regulierungsvorgaben NSFR und LCR ist mit einem intensiveren Wettbewerb um stabile Spar- und längerfristige Termineinlagen zu rechnen.

Der Wettbewerb kann tendenziell zu erhöhten Zinsen im Einlagengeschäft und zu einer Verringerung der Zinsmarge bzw. der Zinserträge führen, was wiederum negativ auf die ROE-Quote wirkt.[18] Die aufgrund der NSFR erforderliche stabile Refinanzierung intensiviert somit den Wettbewerb um langfristige stabile Kundeneinlagen; in der Folge kommt es zu einer relativen Verteuerung dieser Einlagenkategorie.

Gleichzeitig ist für die Weiterführung des langfristigen Kreditgeschäfts auch der Zugang zu langfristiger Liquidität notwendig.[19] Die Einführung der NSFR kann

---

16 Sprittulla, 2015
17 Schneider, Holm, Weiland, 2015
18 Noack, Cremers, Mala, 2014
19 Hagen, Götzl, Aberger, 2014

in der Konsequenz sogar zu einer Reduzierung des Angebots von Festzinskrediten mit langen Laufzeiten führen; für kleine und mittlere Unternehmen in Deutschland könnte sich die Planbarkeit von langfristigen Investitionen erschweren.

Unternehmen in angelsächsischen Ländern sind hingegen weniger von der Finanzierung über Bankkredite abhängig als in Kontinentaleuropa. Die Einführung der NSFR mit ihren möglichen negativen Effekten auf die langfristigen Festzinsdarlehen sollte die Finanzierungkultur angelsächsischer Unternehmen daher auch relativ gering beeinflussen.

Bei der Einhaltung der Liquiditätsstandards sind vorhandene Kapitallücken bei LCR und NSFR nicht immer mit nur einer Maßnahme zu beseitigen.[20] Ein Beispiel für die Umsetzung einer Maßnahme zur simultanen Verbesserung von LCR und NSFR wäre folgender Vorgang: die Umschichtung von Aktiva der Stufe 2A (z.B. marktgängige Wertpapiere, welche die Kriterien zur Anerkennung als Aktiva der Stufe 2A erfüllen) in Aktiva der Stufe 1 (z.B. anrechenbare Zentralbankguthaben).[21] Dies führt bei der Ermittlung der LCR zu einer Erhöhung des Postens „hochliquide Aktiva“ (HQLA) im Zähler der Formel, während sich der bei der Ermittlung der NSFR der Posten „erforderliche stabile Refinanzierung“ im Nenner der Formel reduziert. Die Konsequenz ist die gleichzeitige Stärkung beider Kennziffern.

Insbesondere Banken mit relativ starker Refinanzierung über den Interbankenmarkt könnten aufgrund der Pflicht zur Einhaltung der NSFR mit Engpässen konfrontiert werden.[22] Zudem wird durch die Einführung der NSFR die Möglichkeit der Fristentransformation für Banken eingeschränkt – mit einem negativen Effekt auf die Ertragslage.

Gerade bei Genossenschaftsbanken sind die Erträge aus der Fristentransformation wesentliche Erfolgsfaktoren im Geschäftsmodell.[23] Die Einführung der NSFR muss daher zu einer frühzeitigen Geschäftsmodellanpassung der Institute führen, um die weitere Basis für langfristig profitables Wachstum zu ermöglichen.

Gemäß der Ergebnisse des Basel III Monitorings zum 30.06.2014 übererfüllen die Institute der Gruppe 2, zu welcher auch die Kreditgenossenschaften gehören, die LCR mit durchschnittlich 207 % deutlich, während die NSFR mit durchschnittlich 101 % nur leicht über der künftigen Mindestanforderung liegt.[24] Dementsprechend dürfte im Durchschnitt der Einfluss der NSFR auf die Refinanzierungskosten von Finanzinstituten höher ausfallen als der Einfluss der LCR.

---

20 Hofmann, Schmolz, 2014

21 Zu den Definitionen von Aktiva der Stufen 1 und 2A sowie deren Einfluss auf die Berechnung von LCR und NSFR siehe Basler Ausschuss für Bankenaufsicht, 2014; Basler Ausschuss für Bankenaufsicht, 2013

22 Sarialtin, 2015

23 Lessenich, 2014

24 Deutsche Bundesbank, 2015

Die Leverage Ratio wird von den Instituten der Gruppe 2 mit einem Wert von 5,0 im Durchschnitt deutlich übererfüllt.[25] Allerdings können Nachteile für stark volumenbasierte Geschäftsmodelle mit risikoarmer Kreditvergabe entstehen, da das Risiko bei der Leverage Ratio ignoriert wird.[26]

Tabelle 6.2 zeigt eine Übersicht der im Rahmen des Basel III Monitorings in regelmäßigen Abständen analysierten deutschen Banken.

Tabelle 6.2: Deutsche Kreditinstitute im Basel III Monitoring[27]

	Anzahl der Institute
Gruppe 1	8
darunter: Landesbanken	5
Gruppe 2	36
darunter: Große Institute	9
darunter: Sparkassen	8
darunter: Kreditgenossenschaften	8
darunter: Sonstige	11

6.2 Entwicklung von Handlungsalternativen für regulatorische Anforderungen

Abbildung 6.3 zeigt den erwarteten Einfluss verschiedener Handlungsalternativen auf die Zinsmarge sowie die notwendige Implementierungsdauer. Die Implementierungsdauer ist der Zeitraum zwischen Entscheidung der Maßnahme und dem Beginn der technischen Umsetzung. Zu beachten ist zusätzlich, dass manche Maßnahmen nach deren Implementierung sofort ihre volle Wirkung entfalten und andere wiederum mehr Zeit benötigen. Beispielsweise steht das benötigte Kapital nach Durchführung einer Kapitalerhöhung unmittelbar zur Verfügung, während nach der technischen Etablierung eines Pfandbriefpoolings zunächst neue Baufinanzierungen abgeschlossen und über dieses System abgewickelt werden müssen, bevor sich die gewünschte Wirkung einstellt.

Mit den Maßnahmen Effizienzsteigerung, Reduzierung der RWA, Gewinnthesaurierung und Umwidmung stiller Vorsorgereserven kann kurzfristig begonnen werden, aber die genannten Maßnahmen sollten Teil eines kontinuierlichen Verbesserungsprozesses sein. Banken können diese Maßnahmen in die Banksteuerung mit

25 Deutsche Bundesbank, 2015
26 Noack et al., 2014
27 Deutsche Bundesbank, 2015

der Balanced Score Card oder mit Key Performance Indicators integrieren.[28] Bei den Maßnahmen Pfandbriefpooling, CoCo Bonds, Akzeptanz niedrigerer Profitabilität, Kapitalerhöhung und Margenanpassung handelt es sich hingegen um Werkzeuge, die durch einmalige Nutzung bereits die gewünschte Wirkung entfalten können. So wird zum Beispiel die einmalige Thesaurierung von Gewinnen im Regelfall nicht den notwendigen Effekt erzielen können, eine einmalige Kapitalerhöhung hingegen schon. Abhängig von der strategischen Positionierung der Bank hinsichtlich Kundengruppen, Produktpalette und Vertriebswegen muss eine individuelle Anpassung der Bewertung in der Matrix erfolgen.

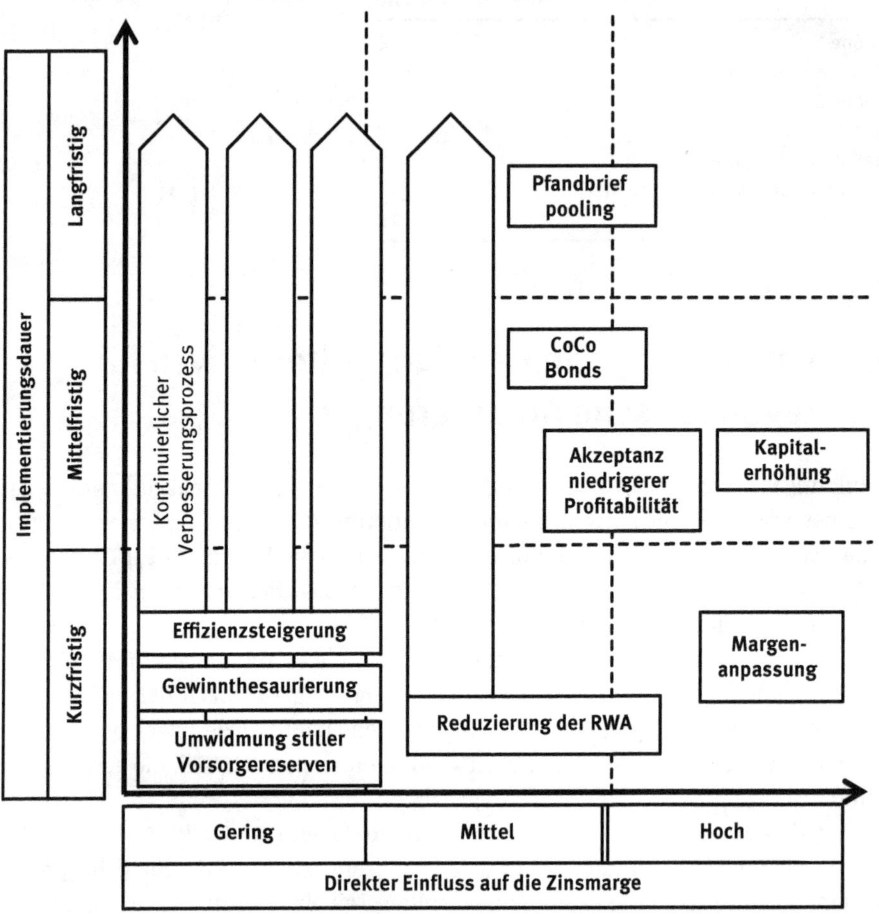

Abbildung 6.3: Bewertung von Handlungsalternativen zur Erfüllung regulatorischer Anforderungen

28 Siehe zur Anwendung von Balanced Score Card und Key Performance Indicators in der Banksteuerung: Stenner, 2004; Weigelt, Bakenecker, 2004

Die einfachste Reaktionsmöglichkeit auf die Anforderungen nach Basel III besteht in der Akzeptanz einer geringeren Profitabilität. Dies bedeutet, dass die Kosten der Regulierung vollständig durch die Bank getragen werden und auf eine Weiterreichung an den Kunden verzichtet wird. Das Gegenteil stellt die vollständige Weitergabe der regulierungsbedingten Mehrkosten über eine entsprechend höhere Zinsmarge dar. Besonders bei Kreditnehmern mit schlechter Bonität dürften die Margen für Banken aufgrund der höheren Unterlegung mit Eigenmitteln sinken; in der Folge kann es bei bonitätsschwachen Kunden zu deutlicheren Zinsanpassungen nach oben kommen als bei Kreditnehmern mit guter Bonität.[29] In diesem Zusammenhang stellt sich die Frage, inwieweit eine Weitergabe der Kosten über angepasste Kundenkonditionen im deutschen Bankenmarkt möglich ist.

Der intensive Wettbewerb der Kreditinstitute in Deutschland und die zunehmende Digitalisierung des Kreditangebots machen eine Zinsanpassung nach oben schwierig. Gleichzeitig müssen die Banken weiterhin rentabel arbeiten. Als Ausweg verbleibt dann oft nur eine Kostenreduzierung bzw. eine Anpassung des Service- und Vertriebsangebots. In der Fläche wird dann für die Unternehmenskunden tendenziell weniger persönliche Beratung vor Ort zur Verfügung stehen, aber das zentralisierte Angebot wird ausgebaut.

6.2.1 Effizienzsteigerung

Maßnahmen zur Effizienzsteigerung[30] sowie die Einbehaltung von Gewinnen stellen bewährte und oft genutzte Werkzeuge dar, um die Herausforderungen der zunehmenden Regulierung zu bewältigen. Die Möglichkeiten für Prozessoptimierung, Outsourcing[31] und Zentralisierung werden in allen Banken regelmäßig geprüft; dies ist Teil eines kontinuierlichen Verbesserungsprozesses, der durch die Niedrigzinsphase und die Digitalisierung beschleunigt und intensiviert werden muss. Digitale Kreditmarktplätze wie Lendico oder Zencap haben den Wettbewerbsvorteil der strukturellen Effizienz im Geschäftsmodell, da sie kein Filialnetz besitzen und relativ niedrige IT- und Personalkosten aufweisen. Als Vermittler von Dienstleistungen müssen die Kreditbeträge nicht mit Eigenkapital unterlegt werden und die Liquiditätsanforderungen nach Basel III finden keine Anwendung.[32] Damit können die digitalen Anbieter als Benchmark für die klassischen Kreditinstitute gesehen werden, wodurch der Druck zur Effizienzsteigerung für die Filialbanken erhöht wird.

29 Noack et al., 2014
30 Schinzing, 2004
31 Böhnke, 2004
32 Grobe, Steinkühler, 2015

6.2.2 Kapitalerhöhungen

Kreditinstitute, die in der Rechtsform einer Aktiengesellschaft firmieren, haben die Möglichkeit mit Zustimmung der Eigentümer auf der Hauptversammlung ordentliche, genehmigte oder bedingte Kapitalerhöhungen durchzuführen. Eine Kapitalerhöhung aus Gesellschaftsmitteln ist hingegen mit dem Ziel der Schließung von regulatorischen Kapitallücken nicht zweckmäßig, da Gewinnrücklagen ohnehin als hartes Kernkapital anerkannt werden und hier nur eine Umwandlung der Gewinnrücklagen in Grundkapital stattfindet.[33]

Bei der Durchführung von Kapitalerhöhungen haben Banken mit hoher Rentabilität einen Vorteil gegenüber weniger rentablen Banken, da die Investoren den rentableren Banken tendenziell bereitwilliger frisches Kapital zur Verfügung stellen.[34] Gleiches gilt grundsätzlich auch für Institute, die in der Rechtsform einer Genossenschaft firmieren. Die Aufnahme von Eigenkapital beziehungsweise die Erhöhung von Mitgliedereinlagen bei Kreditgenossenschaften gehört zu den relativ teuren Alternativen der Eigenkapitalstärkung.[35]

Der Kapitalbedarf für deutsche Institute unter Annahme der Vollumsetzung von CRR/CRD IV inklusive Kapitalpuffer und individuellem Zuschlag für global systemrelevante Institute lag zum Stichtag Juni 2014 bei den Instituten der Gruppe 1 bei 279,2 Mio. Euro und bei den Instituten der Gruppe 2 bei 885,3 Mio. Euro. Der Kapitalbedarf ist seit Beginn der Datenerhebung im Jahr 2011 kontinuierlich gesunken. Der ursprüngliche Kapitalbedarf der Institute in Gruppe 1 lag im Jahr 2011 noch bei 78,6 Mrd. Euro Die Schließung der Kapitallücke macht deutlich, dass die Kreditinstitute schon große Anstrengungen unternommen haben, um die ab 2019 geltenden regulatorischen Eigenmittelanforderungen möglichst bald zu erfüllen. Ein Teil dieser Reduzierung des Kapitalbedarfs ist auf Kapitalerhöhungen zurückzuführen. Die Deutsche Bank hat im Zeitraum von 2010 bis 2014 drei Kapitalerhöhungen durchgeführt.[36]

Abbildung 6.4 zeigt die Veränderung des harten Kernkapitals bzw. der risikogewichteten Aktiva der in Gruppe 2 eingeordneten Institute unter Annahme der Vollumsetzung von CRR/CRD IV im Zeitablauf. Die Banken der Gruppe 2 steigerten ausgehend von dem ersten Erhebungszeitpunkt im Juni 2011 ihr hartes Kernkapital bislang um über 20 %. Die RWA reduzierten sich im gleichen Zeitraum um ca. 10 %. Ein vergleichbares Bild zeigt sich auch bei den Instituten in Gruppe 1. Dies verdeutlicht die hohe praktische Relevanz der beiden Handlungsalternativen „Kapitalerhöhungen" und „Reduzierung der RWA".

33 Lessenich, 2014
34 Bain, Company, 2014
35 Reifschneider, 2014
36 Deutsche Bank, 2015

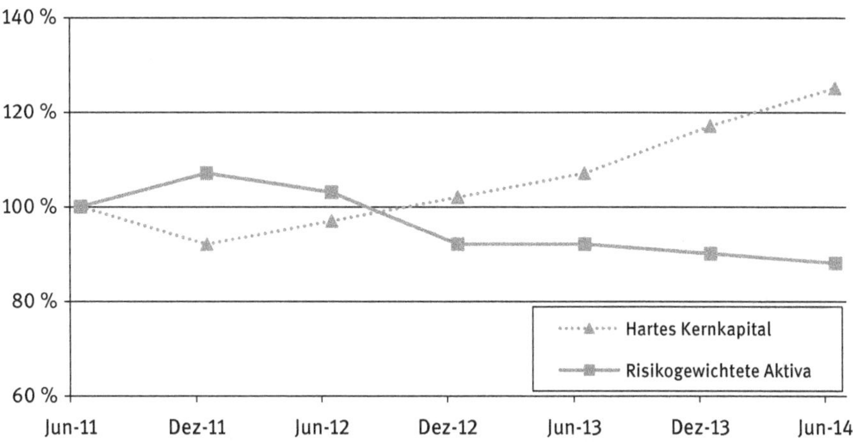

Abbildung 6.4: Entwicklung von hartem Kernkapital und RWA der Gruppe 2-Institute[37]

6.2.3 Reduzierung der RWA

Die in Abbildung 6.4 beobachtete Veränderung der risikogewichteten Aktiva kann auf Anpassungen des Geschäftsvolumens oder die Konzentration auf risikoärmere bzw. risikoreichere Geschäfte zurückzuführen sein. Auf Basis der Daten aus dem Basel III Monitoring können keine Aussagen über die Risikostrategie oder das Ausmaß der Kreditvergabe der jeweiligen Institute abgeleitet werden. Gründe für die RWA-Veränderung können in der Risikotransformation zugunsten weniger risikoreicher Geschäfte liegen oder in der Risikooptimierung durch Abbau von Positionen mit hohen Risikogewichten. Auch die Verbesserung der internen Verfahren zur Risikomessung kann zu einer Senkung der RWA führen. Zudem sind aufgrund schärferer Abzugsvorschriften bestimmte Positionen direkt vom Kapital abzuziehen wie z.B. Finanzbeteiligungen, wodurch hier in der Folge keine Risikogewichtung mehr stattfindet.[38]

Wird die systematische Reduzierung risikogewichteter Aktiva zur Einhaltung der Mindestkapitalquoten beziehungsweise die Umschichtung in hochliquide und sichere Aktiva zur Einhaltung der Mindestliquiditätsquote genutzt, ist aufgrund der niedrigeren Verzinsung dieser Positionen mit niedrigeren Erträgen und infolgedessen möglicherweise mit einer niedrigeren Eigenkapitalrendite zu rechnen.[39] Zur Kompensation der niedrigeren Erträge wäre die Ausweitung der Zinsmarge denkbar,

---

37 Darstellung nach Deutsche Bundesbank, 2015 (Juni 2011 = 100, Annahme der Vollumsetzung)
38 Deutsche Bundesbank, 2015
39 Noack et al., 2014

aber dies könnte die langfristigen Kundenbeziehungen und die Hausbankverbindung schädigen.[40] Aus gesamtwirtschaftlicher Sicht könnte die Spreizung der Zinsmarge zu einer Verteuerung der Finanzierung, insbesondere für die mittelständischen Unternehmen, führen.

6.2.4 Umwidmung stiller Vorsorgereserven

Bisher wurden nachrangige Verbindlichkeiten, der Haftsummenzuschlag und die Vorsorge für allgemeine Bankrisiken nach § 340f HGB als Ergänzungskapital anerkannt. Im Rahmen von Basel III ist die Anrechenbarkeit nicht mehr gegeben. Es besteht jedoch die Möglichkeit einer Umwidmung stiller Reserven nach § 340f HGB in den „Fonds für allgemeine Bankrisiken" im Sinne des § 340g HGB vorzunehmen. Der Vorteil dieser Maßnahme besteht in der Erhöhung des regulatorischen Eigenkapitals ohne eine Kapitalerhöhung durchführen zu müssen. Allerdings wird den Banken durch die Umwidmung die Möglichkeit genommen, kleinere Ergebnisschwankungen durch stille Reserven auszugleichen.[41] Viele Genossenschaftsbanken haben das Instrument der Umwidmung gemäß § 340g HGB in den letzten Jahren angewendet.

6.2.5 CoCo Bonds

Die Bezeichnung Contingent Convertible Bond (CoCo Bond) beschreibt Instrumente, die bei Unterschreitung eines bestimmten Auslöseereignisses, des sogenannten Triggers, abgeschrieben oder in Aktienkapital gewandelt werden. Nach Wandlung besteht die Anrechnungsmöglichkeit als zusätzliches Kernkapital (Additional Tier 1). Der europäische Markt für Contingent Convertibles ist nach leichten Anlaufschwierigkeiten aufgrund unklarer steuerlicher und regulatorischer Regelungen mittlerweile sehr aktiv. Das Emissionsvolumen belief sich im Jahr 2014 auf rund 41 Milliarden Euro und bis Mitte Mai 2015 wurden knapp 20 Milliarden Euro emittiert.[42]

Die Emission von CoCo Bonds wird im genossenschaftlichen Sektor zwar diskutiert und als theoretisch attraktive Alternative eingeschätzt, allerdings in der Praxis bislang noch nicht umgesetzt.[43] Dies könnte an dem hohen Umsetzungsaufwand auf Einzelbankebene liegen, der eventuelle Vorteile im Vergleich zu anderen Maßnahmen hinfällig werden lässt. Zudem könnten insbesondere die kleineren Primärinstitute mit eingeschränkten Zugangsmöglichkeiten zum Kapitalmarkt konfrontiert sein.

---

40 Reifschneider, 2014
41 Reifschneider, 2014
42 O.A., 2015a
43 Reifschneider, 2014

Obwohl seit Jahren von vielen Seiten an der geeigneten Ausgestaltung von Pflichtwandelanleihen gearbeitet wird, existiert bislang kein einheitlicher Standard zur Konstruktion und Bewertung.[44]

Derartige Freiheitsgrade erhöhen die Unsicherheit bei der praktischen Nutzung der Instrumente zusätzlich, da Banken auf keine allgemein anerkannten Bewertungsverfahren und Herangehensweisen bei der Konstruktion zurückgreifen können. Die Abwicklung über die genossenschaftlichen Zentralinstitute wäre aufgrund von Effizienz- und Skalenvorteilen zu prüfen: eine Emission von Pflichtwandelanleihen im genossenschaftlichen Sektor könnte dann praxisrelevant werden.

6.2.6 Pfandbriefe

Der Pfandbrief ist ein bewährtes Instrument der Banken zur langfristigen fristenkongruenten Refinanzierung von Immobiliendarlehen. Allerdings benötigt das Institut zur Emission von Pfandbriefen eine Pfandbrieflizenz von der BaFin. Aufgrund der hohen organisatorischen und personellen Anforderungen lohnt sich die Beantragung einer Pfandbrieflizenz für die meisten Primärinstitute nicht. Ohne selbst eine Pfandbriefbank zu werden, könnten Kreditgenossenschaften ihre Immobiliendarlehen zu einer Pfandbriefbank zu Refinanzierungszwecken übertragen. Diese Maßnahme hätte den Vorteil der Vermeidung von Zinsänderungs- und Liquiditätsrisiken bei der Genossenschaftsbank und wird als Pfandbriefpooling bezeichnet.[45] Aktuell existiert die Maßnahme im genossenschaftlichen Sektor noch als theoretisches Konstrukt.

Um das Pfandbriefpooling als geeignete Maßnahme durchzusetzen, ist zunächst der Aufbau einer Kooperation mit einem oder mehreren Pfandbriefemittenten notwendig. Ausschlaggebend für den Erfolg ist, wie kostengünstig und effizient die Transaktionen im Rahmen des Pfandbriefpoolings gestaltet werden können.[46]

6.2.7 Auswirkung der Regulierung auf die Kosten- und Ertragssituation

Abbildung 6.5 strukturiert den erwarteten Einfluss der Regulierungsmaßnahmen auf die periodenspezifischen Erfolgsgrößen. In der Matrix befindet sich links oben ein großer Block mit CRD IV, LCR, NSFR, Zinsänderungsrisiken im Anlagebuch mit

44 Rudolph, Zech, 2015
45 Hagen et al., 2014
46 Hagen et al., 2014

möglicher Eigenkapitalunterlegungspflicht und Regelungen zum Anlegerschutz, die einerseits die Kosten für die Bank erhöhen und gleichzeitig tendenziell die Erträge schmälern.

In der Mitte oben ist ein Block dargestellt, der sich zwar bei den erwarteten Erträgen neutral auswirkt, aber mit hohen Kosten verbunden ist: EMIR, MaRisk, Bankenabgabe, Professionalisierung von Aufsichtsräten und Modernisierung des Meldewesens. Ein weiterer Block ist eingezeichnet, der keine direkte Auswirkung auf die Kosten hat; aber durch den hohen Aufwand für die Auflagen der Aufsicht werden tendenziell höhere Mitarbeiterkosten anfallen.

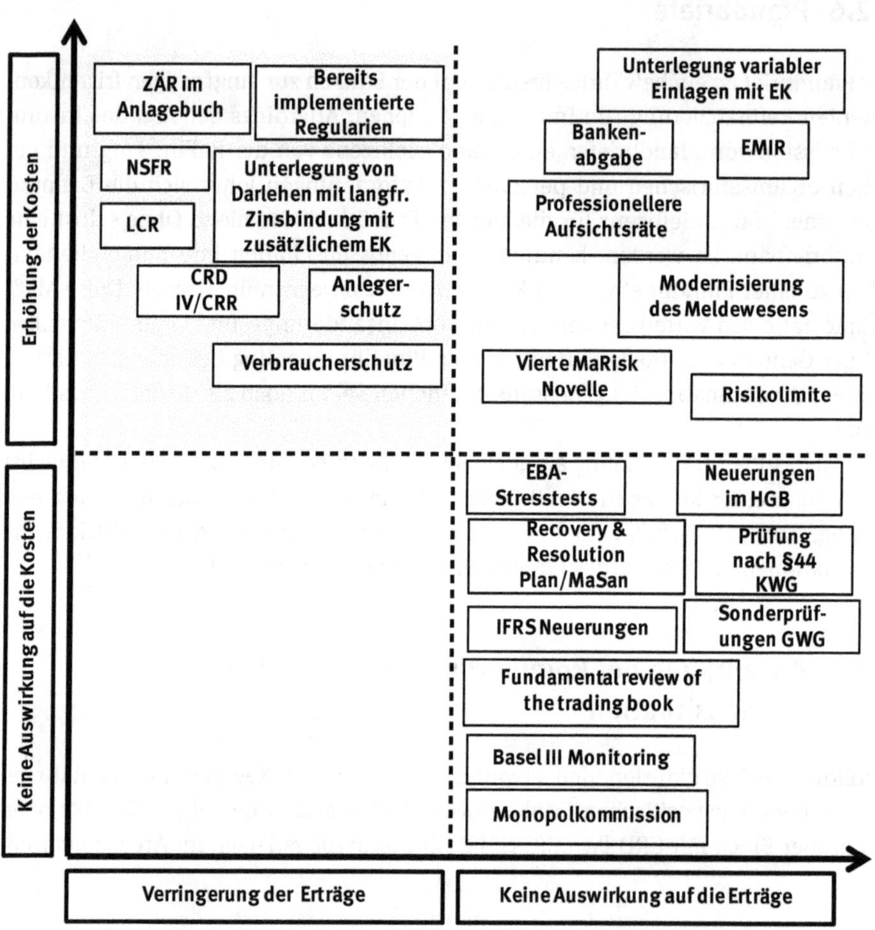

Abbildung 6.5: Auswirkung der Regulierung auf die Kosten- und Ertragssituation

6.3 Rentabilität und strategische Positionierung

Die Felder zur Verringerung von Kosten und die Felder zur Erhöhung von Erträgen als Folge der Regulierung bleiben in Abbildung 6.5 zunächst leer. Dies führt zwangsläufig zu einer Verringerung der Rendite der Kreditinstitute mit Konsequenzen für die Geschäftsmodelle und ist als problematisch anzusehen.

Auf die folgenden Konsequenzen der Regulierung müssen daher strategische Lösungsalternativen entwickelt werden:

- Verschiedene Kundengruppen werden weniger rentabel oder sogar verlustbringend sein; als Folge werden diese Kundengruppen nicht oder weniger bedient.
- Verschiedene Produkte werden nicht oder weniger rentabel sein, und in der Folge werden diese Produkte am Markt nicht mehr oder zumindest weniger angeboten.
- Verschiedene Vertriebswege, wie z.B. die Filialen, werden tendenziell weniger rentabel werden und daher wird zwingend immer wieder die Frage des Rückzugs aus der Fläche, des Mitarbeiterabbaus in der Fläche oder der Zentralisierung gestellt werden.

Zusätzliche Aufwendungen, ausgelöst durch gestiegene Dokumentations- und Informationspflichten in Kombination mit immer höheren Anforderungen an die Qualifikation der Mitarbeiter, führen bei einigen Banken zum Rückzug aus Teilbereichen des Beratungsgeschäfts. Ein Beispiel hierfür ist die zunehmende Reduzierung der Wertpapierberatung infolge der angestiegenen Verbraucherschutzanforderungen.[47] Das Angebot von Beratungsleistungen zu Wertpapieren konzentriert sich zunehmend auf professionelle Kunden und Unternehmen, die im Sinne des Verbraucherschutzes weniger schutzbedürftig sind und entsprechend weniger strenge Regularien eingehalten werden müssen.

Dagegen erhalten gerade die Kunden mit wenig Vermögen, die mangels Kenntnissen und Erfahrungen auf eine fundierte Wertpapierberatung angewiesen sind, keine Wertpapierberatung und werden auf sich alleine gestellt. Dieses Szenario ist das Gegenteil zum Szenario, das sich Verbraucherschützer ursprünglich gewünscht haben.

Sofern Banken beispielsweise die Stärkung von LCR und NSFR anstreben, um ihre Kostenstruktur zu verbessern, dürften die Kundengruppen mit stabilen Spar- und langfristigen Termineinlagen an Bedeutung gewinnen. Hierbei handelt es sich primär um Privatkunden sowie KMU.[48] Die NSFR kann auch zu vermehrten Kreditangeboten der Banken mit kürzerer Laufzeit führen statt ihre Refinanzierung langfristig auszurichten.

47 Henk, Holthaus, 2015
48 Noack et al., 2014

Sofern sich Kreditinstitute für diesen Weg entscheiden, werden Kunden mit Konsumentenkreditbedürfnis geschäftspolitisch relativ bedeutender als langfristige Kreditnehmer.[49]

Grundsätzlich steigen die Anforderungen an Unternehmenskredite mit schlechterer Bonität überproportional zu den Anforderungen an weniger riskante Kredite. Infolgedessen werden für die Banken die riskanteren Unternehmenskredite vergleichsweise unattraktiv und die Unternehmen mit guten externen oder bankinternen Ratings gewinnen für das Kreditgeschäft an Bedeutung.[50]

6.4 Maßnahmen zur Aufrechterhaltung der Rentabilität

Die Genossenschaftsbanken in Deutschland – Primärinstitute und Zentralinstitute – haben in den letzten Jahren überwiegend sehr gute Geschäftsergebnisse ausgewiesen. Während große Teile der privaten Filialbanken seit dem Jahr 2008 nur geringe Erfolge verbuchen konnten, ist es den Genossenschaftsbanken gelungen, die Herausforderungen der Banken- bzw. Finanzkrise gut zu bewältigen. Ausgenommen sind bei den privaten Banken die Direktbanken, die in den letzten 10 Jahren überwiegend ihr sehr erfolgreiches Geschäftsmodell weiter ausbauen konnten.[51]

Neu zu verkraften sind für alle Banken die Konsequenzen der Regulierung, deren negative Wirkung auf die Rentabilität in dieser Untersuchung dargestellt wurde. Die Verringerung der Eigenkapitalrendite durch die Regulierung hat eine große Bedeutung, da sie in einer Phase sehr großer Veränderungen im Wettbewerbsumfeld der Banken eintritt. Das Niedrigzinsumfeld und der Ausbau der Digitalisierung bei Finanzdienstleistungen verstärken den Renditedruck dramatisch. Ebenso wie die Regulierung wird der Markteintritt von Fintechs und der Wechsel vom Filialkunden zum Online-Kunden mittelfristig das traditionell erfolgreiche Geschäftsmodell der Genossenschaftsbanken angreifen und verändern.

Grundsätzlich werden die Regulierungsmaßnahmen das heutige erfolgreiche Geschäftsmodell der Filialbanken kurz- und mittelfristig unrentabler machen – falls keine Gegenmaßnahmen ergriffen werden.

Die sehr guten Rentabilitätszahlen des Jahres 2015 lassen sich bei anhaltendem Niedrigzinsumfeld nicht ohne strategische Neupositionierung nachhaltig fortführen.

49 Lessenich, 2014
50 Lessenich, 2014
51 Grabenbauer, Fischer, 2014

Um weiterhin wettbewerbsfähig bleiben zu können, wird sich eine Verringerung der Kosten und damit auch eine Reduzierung oder Neustrukturierung des Filialnetzes nicht vermeiden lassen.[52] Neustrukturierung bedeutet, dass sehr viele Filialen auch mit einer völlig neuen Angebots- und Kostenstruktur weiterleben können und nicht unbedingt schließen müssen. Die Anpassung des Filialnetzes ist aufgrund der Kostenerhöhung durch Regulierung und Digitalisierung ein notwendiges Mittel, um zumindest den Status Quo der Rentabilitätssituation bei Kreditgenossenschaften zu erhalten.

6.4.1 Regulatorischer Wettbewerbsvorteil von Fintechs und strategische Partnerschaften

Nicht nur die Genossenschaftsbanken sondern auch die anderen Filialbanken werden sich durch den Trend der Digitalisierung im Produktangebot und beim Vertriebsweg neu positionieren müssen. Durch die breite Aufstellung der Genossenschaftsbanken in der Fläche – bislang ohne Online-Fokus – werden diese von digitalen Angeboten jedoch besonders betroffen sein, da der Online-Vertriebsweg auch den entferntesten Winkel in Deutschland erreicht, der bislang nur von den Genossenschaftsbanken abgedeckt wurde. Nur wenn es gelingt, die physische und digitale Präsenz kompatibel mit den Kundenanforderungen zu gestalten, bleibt das Geschäftsmodell der Genossenschaftsbanken nachhaltig belastbar.[53] Für Direktbanken sowie Fintechs gestalten sich die Erschließung neuer Märkte und der Gewinn von Marktanteilen vergleichsweise einfach, weil deren Dienstleistungen ohne das kostenintensive Zweigstellennetz auskommen. Fintechs haben zudem den Vorteil, dass sie sich ausschließlich auf einzelne Teile der Wertschöpfungskette konzentrieren. Hierbei handelt es sich zum Beispiel um Dienstleistungen im Zahlungsverkehr oder Peer-To-Peer-Dienstleistungen im Allgemeinen.[54] Es ist naheliegend, dass für die traditionellen Bankgeschäfte aufgrund der Digitalisierung und zunehmenden Automatisierung der Services weniger Mitarbeiter und weniger Filialen gebraucht werden; gleichzeitig führt die zunehmende digitale Transparenz der Dienstleistungen zu einer Erosion der Margen.

Hinzu kommt der Wettbewerbsvorteil, dass Fintechs nicht den gleichen regulatorischen Anforderungen hinsichtlich Eigenkapitalausstattung, Liquidität oder der verpflichtenden Mitgliedschaft in der Einlagensicherung unterliegen wie Banken. Zwar existieren im Bereich Crowdfunding Regelungen zur Erstellungspflicht eines Verkaufsprospektes inklusive Produktinformationsblatt oder im Bereich der Geldanlage

---

52 Siehe hierzu Kapitel 4.6
53 Henk, Holthaus, 2015
54 Brock, 2015

der verpflichtende Antrag auf Zulassung als Anlagevermittler, aber das regulatorische Gefälle wird hierdurch nicht aufgehoben.[55]

Der Gedanke, dass die gleichen Geschäfte den gleichen Regularien unterliegen sollten („level playing field"), gewinnt insbesondere im Zusammenhang mit der Regulierung von Fintechs zunehmend an Bedeutung. Beispielsweise ist im Koalitionsvertrag der Bundesregierung festgelegt, dass ein verlässlicher Rechtsrahmen für Crowdfunding geschaffen werden soll.[56] Erste Ansätze zeigen sich im Entwurf des neuen Kleinanlegerschutzgesetzes, in dem die von Bundesministerium der Finanzen und Bundesministerium der Justiz und für Verbraucherschutz vorgestellten Maßnahmenpakete berücksichtigt werden. Das Maßnahmenpaket beinhaltet die Beseitigung von Regulierungslücken im grauen Kapitalmarkt, die Gewährleistung von Transparenz und Risikoaufklärung beim Verkauf von Finanzprodukten, die Verbesserung des Zugangs zu Informationen über Finanzprodukte für Privatanleger, die Beschränkung der Werbemöglichkeiten für Anlageprodukte und die Erweiterung des Handlungsspielraums der Aufsichtsbehörden. Zwar wird explizit versucht, die Interessen der über Crowd-Investments finanzierten jungen Unternehmen unter Berücksichtigung des Anlegerschutzes gerecht zu werden, dennoch dürften die Maßnahmen nicht ohne Folgen für die Crowdfunding-Industrie bleiben.[57]

Am Beispiel der geplanten Regelungen im Crowdfunding wird deutlich, dass eine künftige teilweise Angleichung der regulatorischen Anforderungen an Fintechs eine Stärkung für klassische Banken darstellen kann, weil nicht jedes Fintech die Kapazitäten zur Erfüllung strengerer Auflagen haben wird. Geht man jedoch davon aus, dass sich Fintechs zumindest teilweise den strengeren Regelungen stellen können oder dass die Regulierungen nicht existenzbedrohend sind, sollte seitens der Banken auch über die Bereitstellung von eigenen Plattformen nachgedacht werden, um private Kreditgeber und Kreditsuchende zusammenzubringen.

Die Bank würde dann die Rolle des Vermittlers übernehmen und die beiden Parteien mit ihrer Expertise bei der Kreditvergabe insbesondere bei Rating und Antragsprüfung unterstützen. Auf diese Weise könnten die Banken ein Konkurrenzangebot in einem stark von Fintechs geprägten Teil der Finanzdienstleistungsbranche schaffen. Dementsprechend gilt es, geeignete Omnikanallösungen zu finden, um den USP der genossenschaftlichen Institute – die Nähe zum Kunden – im digitalen Zeitalter adäquat zu berücksichtigen und somit auch die Rentabilität des Geschäftsmodells weiterhin zu gewährleisten und zu steigern. In diesem Zusammenhang wird das Eingehen und der Ausbau von strategischen Partnerschaften u.a. mit Fintechs an Bedeutung gewinnen.[58]

---

55 Stappel, 2014
56 O.A., 2013
57 BMF, BMJV, 2014
58 Siehe hierzu Kapitel 4.6

6.4.2 Regulierungsaufwand erfordert Zentralisierung bei Risiko- und Produktmanagement

Eine nachhaltige Aufrechterhaltung der Rentabilität trotz zunehmender Regulierungskosten kann u.a. durch verschiedene Zentralisierungsmaßnahmen erreicht werden. Zum einen lassen sich Kosten-, Kompetenz- und Automatisierungsvorteile im Aktiv- und Passivgeschäft realisieren. Auf der Aktivseite sind insbesondere standardisierte Ratenkredite für die Zentralisierung geeignet. Ein erfolgreiches Beispiel für die Zentralisierung und Verbesserung der Wettbewerbsposition ist die Neukonzeption der Wertschöpfungskette im Rahmen des Ratenkredits easycredit.[59] Auf der Passivseite ist die Steuerung wenig komplex strukturierter Einlagenprodukte – wie z.B. Tagesgeld oder Festgeld – für die Zentralisierung geeignet.

Auch im Beratungsgeschäft mit z.B. einer zentralen Bereitstellung von standardisierten Beratungsprotokollen und Produktinformationsblättern sind Zentralisierungsmaßnahmen denkbar.[60] Zum anderen lässt sich über die Schaffung eines zentralen Risikomanagementsystems mehr regulatorische Effizienz in Verbindung mit entsprechenden Skaleneffekten generieren.[61]

Selbstverständlich ist bei der Umsetzung eines zentralen Vorhabens stets auf den Erhalt der Schlüsselressourcen der jeweiligen Bankengruppe zu achten.[62] Die Aufgabe der Dachverbände von Genossenschaftsbanken wird sich künftig nicht nur auf die zentrale Vorgabe von Rahmenbedingungen beschränken innerhalb derer die Primärinstitute individuelle strategische Entscheidungen treffen können. Vielmehr werden die Zentralinstitute die Bereitstellung von Ressourcen und Know-How in Bezug auf regulatorische Anforderungen übernehmen.

Der Deutsche Sparkassen- und Giroverband (DSGV) koordiniert zum Beispiel gemeinsame Arbeitsgruppen, in denen an der Umsetzung standardisierter IT-Lösungen zur Umsetzung regulatorischer Anforderungen für alle Sparkassen gearbeitet wird. Zudem bewertet der DSGV regulatorische Initiativen und gibt Handlungsempfehlungen an die Primärinstitute. Hierbei steht eine enge Zusammenarbeit zwischen allen Mitgliedern der Finanzgruppe im Vordergrund.[63]

Der Rheinisch-Westfälische Genossenschaftsverband (RWGV) betont die Notwendigkeit einer künftigen stärkeren Zusammenarbeit zwischen den einzelnen Genossenschaftsverbänden. Hierbei stehen hauptsächlich die gemeinsame Softwareentwicklung, die Vereinheitlichung der IT-Strukturen, ein Austausch von Experten

---

59 Siehe hierzu Graband, Wand, 2004

60 Siehe hierzu auch Kapitel 4.6

61 Siehe hierzu Kapitel 4.6

62 Bei Kreditgenossenschaften wären dies beispielsweise die genossenschaftlichen Werte im weiteren Sinne, die Rechtsform eingetragene Genossenschaft als solches, die Markenkompetenz und die regionale Integration.

63 Schackmann-Fallis, 2015

und die Arbeitsteilung bei der Ausarbeitung von Mitgliederinformationen in den Bereichen Steuern und Recht im Vordergrund.[64]

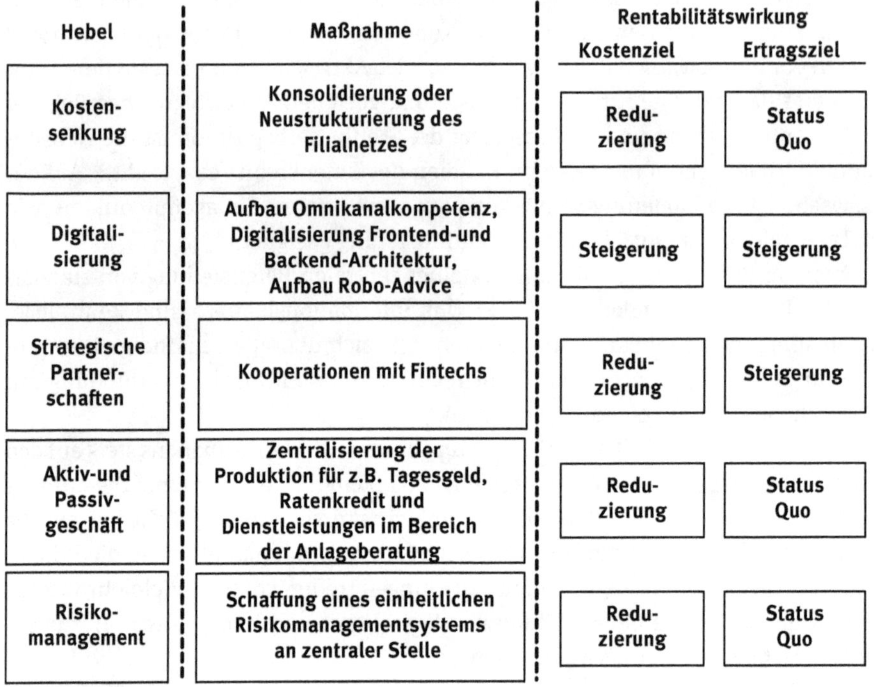

Abbildung 6.6: Maßnahmen zur Aufrechterhaltung der Rentabilität

6.4.3 Regulierung zwingt zur Kostensenkung

Die in Kapitel 6.1 entwickelten Bandbreiten für die quantitativen Auswirkungen der Regulierung können von den Kreditinstituten für die individuelle Wirkungsschätzung auf die Rentabilität des einzelnen Instituts genutzt werden. Für die makroökonomische Ebene zeigt die Analyse der untersuchten Studien, dass die negativen Auswirkungen der Regulierung in Europa auch von der Banken- und Finanzierungskultur im jeweiligen Land abhängig sind. Hier sollten länderspezifische Lösungen gefunden werden, da die vollständige länderübergreifende Standardisierung der Regulierung eine zu vereinfachende Lösung darstellt und negative gesamtwirtschaftliche

64 o.A., 2015b

Konsequenzen haben kann. Des Weiteren führt die zunehmende Regulierung bei den Genossenschaftsbanken zu einer nicht unerheblichen Kostensteigerung.

Gleichzeitig bedingen das Niedrigzinsumfeld, der intensive Wettbewerb und der Trend zur Digitalisierung ein Wettbewerbsumfeld, das die Umsetzung von Ertragssteigerungen sehr schwierig gestaltet. Als Konsequenz müssen die Genossenschaftsbanken die Effizienz der Prozesse verbessern, um Kosten zu senken. Die Maßnahmen zur Effizienzsteigerung sind insbesondere die Digitalisierung von Prozessen und die Zentralisierung von bestimmten Aufgaben. Der Digitalisierungstrend sollte von den Genossenschaftsbanken stärker genutzt werden; hier gilt es für Banken, die mit dem USP der persönlichen Beratung vor Ort werben, die großen existierenden Potentiale im Omnikanal kreativ für das eigene Geschäftsmodell zu nutzen.

In Kapitel 6.1 wurde gezeigt, dass die zunehmende Regulierung zu einer Erhöhung der Kosten für die Genossenschaftsbanken führt. Abbildung 6.6 fasst die Gegenmaßnahmen zur Aufrechterhaltung der Rentabilität zusammen und zeigt deren potentiellen Einfluss auf Kosten- und Ertragsziele. Beispielsweise wirken Zentralisierungsmaßnahmen im Aktiv- und Passivgeschäft kostensenkend bei einer gleichzeitigen Beibehaltung der Ertragszielstruktur und wirken sich damit positiv auf die Rentabilität aus.

Die Hebelmöglichkeiten bei Kostensenkung, Digitalisierung, strategischen Partnerschaften, Aktiv- und Passivgeschäft sowie Risikomanagement müssen genutzt werden, um die Rentabilität der Kreditgenossenschaften unter den strengeren regulatorischen Rahmenbedingungen weiterhin zu erhalten.

7 Abschließende Thesen

Die folgenden 20 Thesen fassen die wichtigsten Ergebnisse der vorliegenden Studien noch einmal zusammen:

1. Der Ansatz „one size fits all" für regulatorische Vorgaben benachteiligt kleine Kreditinstitute gegenüber großen Kreditinstituten. In regulatorischen Bestimmungen sollten Größenunterschiede zwischen den einzelnen Banken, die Ausrichtungen der Geschäftsmodelle sowie länderspezifische Besonderheiten Berücksichtigung finden, um Wettbewerbsverzerrungen zu vermeiden.
2. Die Unterlegung von Zinsänderungsrisiken mit Eigenkapital hätte erhebliche Folgen für die Kreditgenossenschaften in Deutschland. Abhängig von der regulatorischen Eskalationsstufe könnten bis zu 86,9 % der Kreditgenossenschaften die Mindestkapitalquote von 10,5 % unterschreiten.
3. Eine Eigenkapitalunterlegung von Zinsänderungsrisiken im Anlagebuch könnte die in Deutschland bei KMU bewährte Finanzierungskultur mit fester Zinsbindung gefährden.
4. Die Kapitalanforderungen im Rahmen von Basel III verschlechtern die Eigenkapitalrentabilität der Banken bis zur Vollumsetzung in einer Bandbreite zwischen 14 und 111 Basispunkten pro Jahr, sofern keine Gegenmaßnahmen eingeleitet werden.
5. Als Ergänzung zur Eigenentwicklung sollten Kreditgenossenschaften strategische Partnerschaften mit Fintechs eingehen, um Kosten zu senken und Kunden zu halten bzw. zu akquirieren.
6. Das Angebot der Genossenschaftsbanken sollte durchgehend omnikanalfähig sein, um die Stärke des Filialkonzepts zu gewährleisten und gleichzeitig keine Schwäche im digitalen Vertriebsweg zu zeigen.
7. Zur Reduzierung der Kosten ist eine Neustrukturierung oder ggf. Konsolidierung des Filialnetzes zu empfehlen. Die Variante der Neustrukturierung bedeutet dabei für die Banken eine neue Angebots- und Kostenstruktur, aber noch keine zwingende Schließung einer Filiale.
8. Durch die Schaffung eines einheitlichen Risikomanagementsystems an zentraler Stelle kann ein Teil der Investitionen auf Einzelbankebene entfallen; infolgedessen könnte mehr regulatorische Effizienz in Verbindung mit entsprechenden Skaleneffekten auf der Aufwandsseite erreicht werden.
9. Im Aktiv- und Passivgeschäft sollte Produkt für Produkt geprüft werden, inwieweit eine zentralisierte Bereitstellung wenig komplexer Produkte möglich ist und zu mehr Effizienz beiträgt.
10. Die zentrale Bereitstellung von Serviceleistungen für die einzelnen Kreditgenossenschaften sollte intensiviert werden; dies ist z. B. bei Beratungsprotokollen und Produktinformationsblättern denkbar.

DOI 10.1515/9783110487589-007

11. Die Stärkung der Eigenkapitalbasis von Kreditgenossenschaften über die Instrumente CoCo Bonds und Pfandbriefpooling sollte zentral konzipiert und den Primärinstituten angeboten werden.
12. Das Geschäftsmodell sollte nicht defensiv auf die Auswirkungen der Regulierung angepasst, sondern offensiv und innovativ neu ausgerichtet werden.
13. Um weitere negative Folgen zusätzlicher Regulierungen zu vermeiden, ist eine intensivere Lobbyarbeit auf nationaler sowie internationaler Ebene nötig.
14. Zur Stärkung des kreditgenossenschaftlichen Geschäftsmodells ist eine Rückbesinnung auf die Genossenschaft als Wertegemeinschaft notwendig.
15. Die Kreditversorgung für den Mittelstand könnte sich verteuern. Damit einhergehend werden klein- und mittelständische Unternehmen, die das Rückgrat der gesamten Wirtschaft darstellen, vor Probleme gestellt.
16. Der in der Finanzkrise deutlich gewordene Glaubwürdigkeitsvorteil der Genossenschaftsbanken sollte in strategischen Marketingkampagnen besser integriert und deutlicher kommuniziert werden, um neue Kunden zu gewinnen.
17. Um sich von anderen Finanzinstituten abzuheben, sollten vermehrt eine Differenzierungsstrategie des Geschäftsmodells angestrebt werden. So könnte beispielsweise die qualitativ hochwertige Beratung herausgestellt werden.
18. Crowdfunding stellt eine Möglichkeit einer Innovation im genossenschaftlichen Bereich unter Beibehaltung genossenschaftlicher Werte dar.
19. Die Förderung der Mitglieder ist nicht nur eine Frage der Dividende, sondern eine Maßnahme der emotionalen Bindung an die Genossenschaft.
20. Die Digitalisierung als Trend ist unbestreitbar. Diese bietet zahlreiche Chancen für Veränderung und Ausbau des Geschäftsmodells.

Anhang

Fragebogen zur Untersuchung der Auswirkungen regulatorischer Maßnahmen auf die VR-Banken[1]

Persönliche Angaben

1. Bitte geben Sie Ihr Geburtsjahr vierstellig an.
   ____

2. Bitte geben Sie Ihr Geschlecht an.
   - ☐ Männlich
   - ☐ Weiblich

3. Welche Position bekleiden Sie in Ihrer Bank?
   (Mehrfachnennungen möglich)
   - ☐ Vorstandsvorsitzende/-r
   - ☐ Mitglied des Vorstands
   - ☐ Vorsitzende/-r des Aufsichtsrats
   - ☐ Mitglied des Aufsichtsrats
   - ☐ Geschäftsstellenleiter/-in
   - ☐ andere, und zwar: __________

4. Seit wann sind Sie in Ihrer jetzigen Bank beschäftigt?
   - ☐ unter einem Jahr
   - ☐ 1-3 Jahre
   - ☐ 3-5 Jahre
   - ☐ 5-10 Jahre
   - ☐ 10-15 Jahre
   - ☐ mehr als 15 Jahre

5. Hatten Sie zuvor eine andere Stelle außerhalb der VR-Bankengruppe inne?
   - ☐ Ja, innerhalb einer anderen Bank.
   - ☐ Ja, außerhalb einer Bank.
   - ☐ Nein

[1] Aus Darstellungsgründen werden Abbildungen kleiner dargestellt.

Strukturangaben

6. Wie viele Angestellte sind in Ihrer Bank derzeit beschäftigt?
   - ☐ bis 5
   - ☐ 6-10
   - ☐ 11-25
   - ☐ 26-50
   - ☐ 51-100
   - ☐ mehr als 100
   - ☐ keine Angabe

7. Wie hoch war die Bilanzsumme Ihrer Bank im letzten Geschäftsjahr? (Angabe in Mio. Euro)

   ____

8. Wie viele Kunden hat Ihre Bank derzeit?

   ____

9. Wie viele Mitglieder hat Ihre Bank derzeit?

   ____

10. Die Banken in Deutschland sehen sich bereits seit einiger Zeit mit zunehmenden Anforderungen durch regulatorische Maßnahmen konfrontiert.
Bitte bewerten Sie die nachfolgenden Felder der Regulierung auf einer Skala von 1-5 hinsichtlich der Relevanz für Ihre Bank.

	keine Relevanz (1)	geringe Relevanz (2)	mittlere Relevanz (3)	hohe Relevanz (4)	sehr hohe Relevanz (5)
Anlegerschutz	☐	☐	☐	☐	☐
Bankenabgabe	☐	☐	☐	☐	☐
Bereits implementierte aufsichtliche Regularien	☐	☐	☐	☐	☐
CRD IV/ CRR I	☐	☐	☐	☐	☐
EBA-Stresstests	☐	☐	☐	☐	☐
Einlagensicherungsfonds	☐	☐	☐	☐	☐
EMIR	☐	☐	☐	☐	☐
Fundamental Review of the Trading Book	☐	☐	☐	☐	☐
HGB-Neuerungen	☐	☐	☐	☐	☐
IFRS-Neuerungen	☐	☐	☐	☐	☐
LCR	☐	☐	☐	☐	☐
MaRisk-Novelle	☐	☐	☐	☐	☐
MiFiD II	☐	☐	☐	☐	☐
Modernisierung Meldewesen (z.B. COREP/ FINREP)	☐	☐	☐	☐	☐
Nicht-ehrenamtliche Aufsichtsräte	☐	☐	☐	☐	☐
NSFR	☐	☐	☐	☐	☐
Prüfungen nach § 44 KWG	☐	☐	☐	☐	☐
PSD II	☐	☐	☐	☐	☐
Recovery & Resolution Plan/ MaSan	☐	☐	☐	☐	☐

Risikolimite	☐	☐	☐	☐	☐
Sonderprüfungen Geldwäschegesetz	☐	☐	☐	☐	☐
Untergrabung langfristiger Zinsbindung	☐	☐	☐	☐	☐
Verbraucherschutz	☐	☐	☐	☐	☐
Weitere internationale Regeln (z.B. Dodd-Frank)	☐	☐	☐	☐	☐
Zinsänderungsrisiko im Anlagebuch	☐	☐	☐	☐	☐

Auswirkungen der Finanzregulierung

11. Wie schätzen Sie die Auswirkungen der Regulatorik insgesamt auf das Geschäftsmodell der VR-Banken ein?

☐ keine Auswirkungen (1)
☐ geringe Auswirkungen (2)
☐ mittlere Auswirkungen (3)
☐ starke Auswirkungen (4)
☐ sehr starke Auswirkungen (5)

Geschäftsmodell VR-Banken

Im Folgenden wird das Geschäftsmodell der VR-Banken sowie die Auswirkungen der Finanzmarktregulierungen im Detail betrachtet. Hierfür wird das Business Model Canvas nach Osterwalder und Pigneur herangezogen, das sich für die Analyse von Geschäftsmodellen besonders gut eignet und aus insgesamt neun Bausteinen besteht.

Folgende Abbildung soll als Orientierungshilfe einer möglichen Ausgestaltung des Geschäftsmodells einer VR-Bank dienen.

Bitte beachten Sie, dass es sich dabei nicht um ein allgemeingültiges Geschäftsmodell handelt, sondern sich die Inhalte der neun Bausteine des Geschäftsmodells Ihrer Bank hiervon unterscheiden können.

Bitte betrachten Sie nun folgende Abbildung, um die anschließenden Fragen beantworten zukönnen:

<table>
<tr>
<td rowspan="2">Schlüsselpartner
(= Netzwerk von Partnern und strategischen Allianzen)
• Verbundpartner
• Genossenschaftsverband Bayern
• Kunden als Partner
• Rechenzentrale
• Verbände
• Kammern
• Kommunen/ Bürgermeister
• Bundesbank/ Bankenaufsicht</td>
<td>Schlüsselaktivitäten
(= wichtigste Handlungen eines Unternehmens)
• Ganzheitliche Beratung
• Aufbau und Pflege von Kundenbeziehungen
• Regionale Aktivitäten
• Produktion von Finanzdienstleistungen
• Vertrieb von eigenen und fremden Produkten</td>
<td rowspan="2">Wertangebot
(= Nutzenpaket, das ein Unternehmen seinen Kunden anbietet)
• Hohe Leistung zu angemessenen Preisen
• Einlagengeschäft
• Kreditgeschäft
• Ganzheitliche Beratung
• Förderauftrag (Leistungen, Verhalten, etc.)
• Zielgruppenspezifische Leistungspakete
• Soziale/ ökologische Verantwortung in der Region
• Verbundgeschäft/ Markengeschäft
• Realbezogene Finanzprodukte
• Gesellschaftlicher Nutzen/ Steuerkraft
• Differenzierung über eG</td>
<td>Kundenbeziehungen
(= Arten von Beziehungen)
• Direkte persönliche Kundenbeziehungen
• Mitglieder
• Regionale Kunden
• Emotionalität
• Verantwortung
• Generationsübergreifende Beziehung (langfristig)</td>
<td rowspan="2">Kundensegment
(= Segmentierung nach Bedürfnissen, Merkmalen, Finanzkraft,...)
• Privatkunden
• Firmenkunden, insb. Mittelstand
• (< 50 Mio. Umsatz)
• Regionale Kunden
• Mitglieder
• Nicht-Mitglieder</td>
</tr>
<tr>
<td>Schlüsselressourcen
(= können physischer, finanzieller, menschlicher Natur sein)
• Genossenschaftliche Werte
• Rechtform „e.G.“
• Satzungsautonomie
• Markenkompetenz
• Mitarbeiter (regional)
• Wettbewerbsfähigkeit
• Regionale Integration</td>
<td>Kanäle
(= Kundenberührungspunkte)
• Multikanal-Banking
• Geschäftsstellen
• Telefon
• Online
• Mobile
• Mobiler Vertrieb</td>
</tr>
<tr>
<td colspan="3">Kostenstruktur (= Fixkosten und variable Kosten)
• Personalkosten
• Sachkosten
• Variable Kosten</td>
<td colspan="2">Einnahmequellen (z.B. Nutzungsgebühren, Mitgliedsbeiträge, Maklergebühren,...)
• 75% Zinsergebnis, 25% Vermittlungsgeschäft
• Einnahmestabilität/Krisenfestigkeit
• Preisprämien
• Nicht-klassische Gewinnmaximierung</td>
</tr>
</table>

12. Bitte bewerten Sie die Auswirkung der Regulierungen auf die neun Bausteine des Geschäftsmodells von VR-Banken.

	keine Auswirkung (1)	geringe Auswirkung (2)	mittlere Auswirkung (3)	Starke Auswirkung (4)	sehr starke Auswirkung (5)
Schlüsselpartner	☐	☐	☐	☐	☐
Schlüsselaktivitäten	☐	☐	☐	☐	☐
Schlüsselressourcen	☐	☐	☐	☐	☐
Wertangebote	☐	☐	☐	☐	☐
Kundenbeziehungen	☐	☐	☐	☐	☐
Kanäle	☐	☐	☐	☐	☐
Kundensegmente	☐	☐	☐	☐	☐
Kostenstruktur	☐	☐	☐	☐	☐
Einnahmequellen	☐	☐	☐	☐	☐

13. Welche Auswirkungen sehen Sie für die einzelnen Bausteine des Geschäftsmodells? (Mehrfachnennungen möglich)

- ☐ Schlüsselpartner: Wegfall von Kunden als Schlüsselpartner
- ☐ Schlüsselaktivitäten: Pflicht zur Durchführung nicht-wertschöpfender Aktivitäten
- ☐ Schlüsselaktivitäten: Erhöhter Zeitbedarf zur Implementierung der Regulierungen
- ☐ Schlüsselressourcen: Abbau von Mitarbeitern
- ☐ Schlüsselressourcen: Sinkende regionale Integration durch Filialschließungen
- ☐ Schlüsselressourcen: Sinkende Wettbewerbsfähigkeit durch Abkehr von genossenschaftlichen Prinzipien
- ☐ Nutzenversprechen: Geringere Dividendenzahlung
- ☐ Nutzenversprechen: Weniger Kreditgeschäft
- ☐ Nutzenversprechen: Fehlende Marktversorgung
- ☐ Kundenbeziehungen: Geringere Ressourcen zur Erfüllung von Kundenwünschen

☐ Kundenbeziehungen: Unpersönlichere Kundenbeziehung durch Filialschließung
☐ Kanäle: Fokussierung auf Online-Banking
☐ Kundensegmente: Verlust von Kunden mit hohem Kreditvolumen
☐ Kundensegmente: Wegfall ganzer Kundensegmente durch Aufgabe regionaler Präsenz
☐ Kostenstruktur: Steigende Kosten
☐ Einnahmequellen: Sinkende Einnahmen
☐ weitere Auswirkungen: ___________________________

Kosten

14. Wie schätzen Sie die relative Steigerung der Gesamtkosten ein, die Ihrer Bank durch die Regulierung entstehen?
☐ unter 1%
☐ 1-2%
☐ 2-4%
☐ über 4%

15. In welchem Bereich stellen Sie eine relative Kostensteigerung bedingt durch die Regulierungen fest? Bitte geben Sie jeweils die Höhe der Kostensteigerung in Prozent an.
(Mehrfachnennungen möglich)
☐ Compliance _____
☐ Controlling/ Rechnungswesen _____
☐ Interne Revision _____
☐ IT _____
☐ Organisation/ Verwaltung _____
☐ Marketing _____
☐ Personal _____
☐ Vertrieb _____
☐ andere, und zwar: ___________________________

Neue GF und Wettbewerb

16. Welche Maßnahmen haben Sie bisher getätigt, um Ihr Geschäftsmodell an die Regulatorik anzupassen?

    ____

17. Welche neuen Geschäftsfelder könnte Ihre Bank zukünftig erschließen, um das Geschäftsmodell nachhaltig zu erhalten?

    ____

18. Entstehen Ihrer Meinung nach Wettbewerbsverzerrungen aufgrund der Regulatorik, die sich nachteilig auf die VR-Banken auswirken können?

    ☐ ja
    ☐ nein

19. Falls ja, welche Verzerrungen sind zu erwarten?

    ____

Literatur

Gedruckte Quellen

Abraham, S. (2013). Will Business Model Innovation Replace Strategic Analysis? *Strategy & Leadership*, *41*(2), 31–38.

Aschhoff, G., Henningsen, E. (1985). *Das Deutsche Genossenschaftswesen. Entwicklung, Struktur, wirtschaftliches Potential*. Frankfurt am Main: Knapp.

Amit, R., Zott, C. (2012). Creating Value Through Business Model Innovation. *MIT Sloan Management Review*, *53*(3), 41–49.

Amit, R., Zott, C. (2001). Value Creation in E-Business. *Strategic Management Journal*, *22*, 493–520.

Atteslander, P. (2010). *Methoden der empirischen Sozialforschung* (13. Aufl.). Berlin: Schmidt.

Becker, H. P., Peppmeier, A. (2011). *Bankbetriebslehre* (8. Aufl.). Herne: Kiehl.

Beuthien, V., Dierkes, S., Wehrheim, M. (2008). *Die Genossenschaft mit der Europäischen Genossenschaft. Recht, Steuer, Betriebswirtschaft*. Berlin: Erich Schmidt.

Bieger, T., Reinhold, S. (2011). Das wertbasierte Geschäftsmodell – Ein aktualisierter Strukturierungsansatz. In T. Bieger, D. zu Knyphausen-Aufseß, C. Krys (Hrsg.), *Innovative Geschäftsmodelle* (S. 13–70). Berlin: Springer.

Bogner, A., Menz, W. (2005). Das theoriegenerierende Experteninterview: Erkenntnisse, Wissensformen, Interaktion. In A. Bogner, B. Littig, W. Menz (Hrsg.), *Das Experteninterview. Theorie, Methode, Anwendung* (2. Aufl., S. 33–70). Wiesbaden: VS Verlag für Sozialwissenschaften.

Böhnke, W. (2004). Effizienzerhöhung durch Outsourcing. In M. Fischer (Hrsg.), *Wertmanagement in Banken und Versicherungen* (S. 391–407). Wiesbaden: Gabler.

Bortz, J., Döring, N. (2006). *Forschungsmethoden und Evaluation für Human- und Sozialwissenschaftler* (4. Aufl.). Heidelberg: Springer.

Brock, H. (2015). Vom Mono- zum Multichannel-Management. In H. Brock, I. Bieberstein (Hrsg.), *Multi- und Omnichannel-Management in Banken und Sparkassen* (S. 29–54). Wiesbaden: Springer Gabler.

Burgmaier, S., Hüthig, S. (2014). Fintechs – Die jungen Wilden. *Bankmagazin*, *5*, 10–17.

Casadesus-Masanell, R., Ricart, J. E. (2010). Competitiveness: Business Model Reconfiguration for Innovation and Internationalization. *Management Research: The Journal of the Iberoamerican Academy of Management*, *8*(2), 123–149.

Cavalcante, S., Kesting, P., Ulhøi, J. (2011). Business Model Dynamics and Innovation: (Re) Establishing the Missing Linkages. *Management Decision*, *49*(8), 1327–1342.

Chesbrough, H. (2007). Business Model Innovation: It's Not Just About Technology Anymore. *Strategy & Leadership*, *35*(6), 12–17.

Chesbrough, H., Rosenbloom, R. S. (2002). The Role of the Business Model in Capturing Value From Innovation: Evidence From Xerox Corporation's Technology Spin-Of Companies. *Industrial and Corporate Change*, *11*(3), 529–555.

Claessens, S., Dell'Ariccia, G., Igan, D., Laeven, L. (2010). Lessons and Policy Implications from the Global Financial Crisis. International Monetary Fund, *IMF Working Paper WP/10/44*.

Dahan, N. M., Doh, J. P., Oetzel, J., Yaziji, M. (2010). Corporate-NGO Collaboration: Co-Creating New Business Models for Developing Markets. *Long Range Planning*, *43*(2–3), 326–342.

de Haas, R., van Lelyveld, I. (2011). Multinational Banks and the Global Financial Crisis. Weathering the Perfect Storm? De Nederlandsche Bank, *DNB Working Paper Nr. 322*.

Demil, B., Lecocq, X. (2010). Business Model Evolution: In Search of Dynamic Consistency. *Long Range Planning*, *43*(2–3), 227–246.

Deutsche Bundesbank (2011). *Basel III – Leitfaden zu den neuen Eigenkapital- und Liquiditätsregeln für Banken*.

Deutscher Genossenschafts- und Raiffeisenverband e.V. (DGRV). (2013). *Rückblick: Internationales Jahr der Genossenschaften 2012*. Berlin: DGRV.

Diekmann, A. (2008). *Empirische Sozialforschung: Grundlagen, Methoden, Anwendungen* (19. Aufl.). Reinbek bei Hamburg: Rowohlt Taschenbuch.

Diekmann, A. (2010). *Empirische Sozialforschung. Grundlagen, Methoden, Anwendungen* (4. Aufl.). Reinbek bei Hamburg: Rowohlt Taschenbuch.

Dietrich, A., Wanzenried, G., & Hess, K. (2013). The good and bad news about the new liquidity rules of Basel III in Western European countries. *Journal of Banking and Finance*, *44*, 13–25.

Domikowsky, C., Hesse, F., Pfingsten, A. (2012). Die neuen Eigenkapitalvorschriften nach Basel III – Was deutsche Kreditgenossenschaften erwartet. *Zeitschrift für das gesamte Genossenschaftswesen*, *62*(1), 89–102.

Eim, A. (2007). Governancestrukturen des genossenschaftlichen FinanzVerbundes: Eine institutionenökonomische Analyse aus Primärbankensicht. In T. Theurl (Hrsg.), *Münstersche Schriften zur Kooperation*, *77*. Aachen: Shaker.

Engerer, H., Schrooten, M. (2004). Untersuchung der Grundlagen und Entwicklungsperspektiven des Bankensektors in Deutschland (Dreisäulensystem). *Deutsches Institut für Wirtschaftsforschung, Juni 2004*.

Enkel, E., Mezger, F. (2013). Imitation Processes and Their Application for Business Model Innovation: An Explorative Study. *International Journal of Innovation Management*, *17*(1), 134005–1–134005–34.

Fabozzi, F. J. (2007). *Fixed Income Analysis* (2. Aufl.). Hoboken: John Wiley & Sons.

Fahrenschon, G. (2013). Europäische Regulierung und Konsequenzen für Geschäftsmodelle von Kreditinstituten. *Handelsblatt Journal, Dezember 2013*, 4–5.

Fischer, M., Heil, D. (2015a). Negative Folgen für die Kreditvergabe. *Profil – das bayerische Genossenschaftsblatt*, *2*(2015), 26–28.

Fischer, M., Lanz, S. (2004). Finanzkennzahlenanalyse bei Banken – zwischen Erkenntnis und Illusion. In M. Fischer (Hrsg.), *Wertmanagement in Banken und Versicherungen* (S. 355–391). Wiesbaden: Gabler.

Flannery, M. J., Kwan, S. H., Nimalendran, M. (2010). The 2007–09 Financial Crisis and Bank Opaqueness, Federal Reserve Bank of San Francisco, *Working Paper 2010–27*.

Frankenberger, K., Weiblen, T., Csik, M., Gassmann, O. (2013). The 4I-Framework of Business Model Innovation: An Analysis of the Process Phases and Challenges. *International Journal of Product Development*, *18*(3/4), 249–273.

Fröhlich, J. (2011). Management von Zinsrisiken. In S. Zeranski (Hrsg.), *Treasury Management in mittelständischen Kreditinstituten* (S. 243–292). Heidelberg: Finanz Colloquium Heidelberg.

Gassmann, O., Friesike, S., Csik, M. (2011). Change a Running System – Konstruktionsmethodik für Geschäftsmodellinnovation. In O. Gassmann, P. Sutter (Hrsg.), *Praxiswissen Innovationsmanagement. Von der Idee zum Markterfolg* (2. Aufl., S. 197–214). München: Hanser.

George, G., Bock, A. J. (2011). The Business Model in Practice and Its Implications for Entrepreneurship Research. *Entrepreneurship Theory and Practice*, *35*(1), 83–111.

Gläser, J., Laudel, G. (2010). *Experteninterviews und qualitative Inhaltsanalyse: Als Instrumente rekonstruierender Untersuchungen* (4. Aufl.). Wiesbaden: VS Verlag für Sozialwissenschaften.

Götzl, S., Aberger, A. (2011). Volksbanken und Raiffeisenbanken im Kontext der internationalen Finanzarchitektur – Ein Plädoyer für sektoradäquate Regulierung in Europa. *Zeitschrift für das gesamte Genossenschaftswesen, Sonderheft 2011*, 1–36.

Götzl, S., Gros, J. (2009). *Regionalbanken seit 160 Jahren: Die Volksbanken und Raiffeisenbanken: Merkmale Strukturen Leistungen*. Wiesbaden: Deutscher Genossenschafts-Verlag.

Graband, T., Wand, K. (2004). Kooperation und Outsourcing als Instrument zur Kostensenkung – dargestellt am Beispiel einer Retail Bank. In M. Fischer (Hrsg.), *Wertmanagement in Banken und Versicherungen* (S. 409–431). Wiesbaden: Gabler.

Grob, A., Krob, B., Volkenner, T., Walter, K. F. (2012). Verschärfung der Anforderungen an Zinsänderungsrisiken im Anlagebuch. *Zeitschrift für das gesamte Kreditwesen*, *11*(2012), 539–542.

Grobe, C., Steinkühler, D. (2015). P2P- und P2B-Plattformen – Wie Start-ups Marketing- und Sales-Kanäle revolutionieren. In H. Brock, I. Bieberstein (Hrsg.), *Multi- und Omnichannel-Management in Banken und Sparkassen* (S. 129–140). Wiesbaden: Springer Gabler.

Gschrey, E. (2013). Basel III: Auswirkungen auf Genossenschaftsbanken und den Mittelstand. In O. Everling, R. Langen (Hrsg.), *Basel III. Auswirkungen des neuen Bankenaufsichtsrechts auf den Mittelstand* (S. 49–56). Köln: Bank-Verlag.

Hagen, L., Götzl, S., Aberger, A. (2014). Liquiditätskennzahlen nach Basel III – Die neuen Herausforderungen für Depot A-Management und Refinanzierungsstruktur. *Zeitschrift für das gesamte Genossenschaftswesen*, *64*, 231–244.

Hague, P. (1993). *Questionnaire Design*. London: Kogan Page.

Hausschild, S., Kral, S. (2013). Mittelstand setzt weiter auf Bankkredit. *Betriebswirtschaftliche Blätter*.

Hendrix, A. (2005). *Geschäftsmodellinnovationen im Mobile Business: Entstehung und Gestaltungsmöglichkeiten*. Hamburg: Kovač.

Henk, A., Holthaus, J.-U. (2015). Herausforderungen – Zukunftsorientierte Neuausrichtung des Vertriebs von Banken und Sparkassen. In H. Brock, I. Bieberstein (Hrsg.), *Multi- und Omnichannel-Management in Banken und Sparkassen* (S. 61–73). Wiesbaden: Springer Gabler.

Hofinger, H. (2014). Genossenschaften als Instrument für Crowdfunding. Begrüßung und einleitende Worte. In *Vorträge und Aufsätze des Forschungsvereins für Genossenschaftswesen (Heft 38)*. Wien.

Hofmann, G. (2013). Kreditgenossenschaften – Stabilitätsanker in der Finanz- und Staatsschuldenkrise. *Zeitschrift für das gesamte Genossenschaftswesen*, (2), 95–114.

Hofmann, J., Schmolz, S. (2014). *Controlling und Basel III in der Unternehmenspraxis*. Wiesbaden: Springer Gabler.

Holsti, O. R. (1968). Content Analysis. In G. Lindzey, E. Aronson (Hrsg.), *The handbook of social psychology*, (S. 596–692). New York: McGraw-Hill.

Hombach, B., Schmidt, A. (2011). Interner Rating-Ansatz aus Sicht einer Geschäftsbank: Verbesserung der Kapitalausstattung und Liquidität der Kreditinstitute durch Basel III. In G. Hofmann (Hrsg.), *Basel III und MaRisk. Regulatorische Vorgaben, bankinterne Verfahren, Risikomanagement* (S. 93–94). Frankfurt am Main: Frankfurt School Verlag.

Hull, J. (2011). *Risikomanagement* (2. Aufl.). München: Pearson Studium.

Johnson, M. W. (2010a). The Time Has Come for Business Model Innovation. *Leader to Leader*, *57*, 6–10.

Johnson, M. W. (2010b). *Seizing the White Space: Business model innovation for growth and renewal*. Boston, MA: Harvard Business Press.

Jonietz, C., Penzel, H. G., Peters, A. (2015). Die Zukunft der Anlageberatung: Der Bankkunde im Omnikanal zwischen Beratung und Selbstbedienung. In C. Linnhoff-Popien, M. Zaddach, A. Grahl (Hrsg.), *Marktplätze im Umbruch: Digitale Strategien für Services im Mobilen Internet*. Heidelberg: Springer.

Jorion, P. (2007). *Value at Risk* (3. Aufl.). New York: McGraw-Hill.

Kelle, U., Erzberger, C. (2005). Qualitative und quantitative Methoden: kein Gegensatz. In U. Flick, E. v. Kardorff, I. Steinke (Hrsg.), *Qualitative Forschung. Ein Handbuch* (4. Aufl., S. 299–309). Reinbek bei Hamburg: Rowohlt Taschenbuch.

Komrey, H. (1986). Gruppendiskussionen. Erfahrung im Umgang mit einer weniger häufigen Methode empirischer Sozialwissenschaft. In J. H. P. Hoffmeyer-Zlotnik (Hrsg.), *Qualitative Methoden in der Arbeitsmigrantenforschung* (S. 109–132). Mannheim.

Krueger, R. A. (1994). *Focus groups: A practical guide for applied research* (2. Aufl.). Thousand Oaks: Sage Publications.

Kühn, T., Koschel, K.-V. (2011). *Gruppendiskussionen: Ein Praxis-Handbuch*. Wiesbaden: VS Verlag für Sozialwissenschaften.

Kuss, A., Eisend, M. (2010). *Marktforschung – Grundlagen der Datenerhebung und Datenanalyse* (3. Aufl.). Wiesbaden: Gabler.

Laeven, L., Valencia, F. (2012). Systematic Banking Crises Database: An Update, *IMF Working Paper WP/12/163*.

Lamnek, S. (1998). *Gruppendiskussion: Theorie und Praxis*. Weinheim: Psychologie Verlags Union.

Lamnek, S. (1995). *Qualitative Sozialforschung: Methodologie* (Bd. 1, 3. Aufl.). Weinheim: Psychologie Verlags Union.

Lamnek, S., Krell, C. (2010). *Qualitative Sozialforschung* (5. Aufl.). Weinheim: Beltz.

Lessenich, P. (2014). *Basel III – Die neuen Eigenkapital- und Liquiditätsregeln für Banken*. Hamburg: Diplomica Verlag.

Liebig, B., Nentwig-Gesemann, I. (2009). Gruppendiskussion. In S. Kühl, P. Strodtholz, A. Taffertshofer (Hrsg.). *Handbuch Methoden der Organisationsforschung – Quantitative und Qualitative Methoden* (S. 102–123). Wiesbaden: VS Verlag für Sozialwissenschaften.

Magretta, J. (2002). Why Business Models Matter. *Harvard Business Review*, *80*(5), 86–92.

Maier, S. (2012). Regulatorische Eigenmittel nach Basel III. In K. O. Klauck, C. Stegmann (Hrsg.), *Basel III – Vom regulatorischen Rahmen zu einer risikoadäquaten Gesamtbanksteuerung* (S. 55–81). Stuttgart: Schäffer-Poeschel.

Mangold, W. (1973). Gruppendiskussionen. In R. König (Hrsg.), *Handbuch der empirischen Sozialforschung* (3. Aufl., S. 228–259). Stuttgart: Ferdinand Enke.

Mayer, H. O. (2008). *Interview und schriftliche Befragung: Entwicklung, Durchführung und Auswertung* (4. Aufl.). München: Oldenbourg.

Mayring, P. (2010). *Qualitative Inhaltsanalyse: Grundlagen und Techniken* (11. Aufl.). Weinheim: Beltz.

Meuser, M., Nagel, U. (2005a). Vom Nutzen der Expertise: ExpertInneninterviews in der Sozialberichterstattung. In A. Bogner, B. Littig, W. Menz (Hrsg.), *Das Experteninterview. Theorie, Methode, Anwendung* (2. Aufl., S. 257–272). Wiesbaden: VS Verlag für Sozialwissenschaften.

Meuser, M., Nagel, U. (2005b). ExpertInneninterviews – vielfach erprobt, wenig bedacht. In A. Bogner, B. Littig, W. Menz (Hrsg.), *Das Experteninterview. Theorie, Methode, Anwendung* (2. Aufl., S. 71–93). Wiesbaden: VS Verlag für Sozialwissenschaften.

Meuser, M., Nagel, U. (2009). Das Experteninterview – konzeptionelle Grundlagen und methodische Anlage. In S. Pickel, G. Pickel, H.-J. Lauth, D. Jahn (Hrsg.), *Methoden der vergleichenden Politik- und Sozialwissenschaft. Neue Entwicklungen und Anwendungen* (S. 465–479). Wiesbaden: VS Verlag für Sozialwissenschaften.

Modigliani, F., Miller, M. (1958). The cost of capital, corporation finance and the theory of investment. *The American Economic Review*, *3*, 261–297.

Morgan, D. L. (1988a). *Focus groups as qualitative research*. Newbury Park: Sage Publications.

Morgan, D. L. (1988b). *Planning Focus Groups*. London, New Delhi: Thousand Oaks.

Morris, L. (2009). Business Model Innovation: The Strategy of Business Breakthroughs. *International Journal of Innovation Science*, *1*(4), 190–204.

Morris, M., Schindehutte, M., Allen, J. (2005). The Entrepreneur's Business Model: Toward a Unified Perspective. *Journal of Business Research*, *58*(6), 726–735.

Müller, S. (2000). Grundlagen der qualitativen Marktforschung. In A. Herrmann, C. Homburg (Hrsg.), *Marktforschung – Methoden, Anwendungen, Praxisbeispiele* (S. 127–158). Wiesbaden: Gabler.

Naumer, H. J., Schneider, H. (2014). Banken im Niedrigzinsumfeld. In W. Niehoff ; S. Hirschmann (Hrsg.), *Aspekte moderner Bankenregulierung* (S. 93–104). Köln: Bank-Verlag.

o.A. (2015a). Redaktionsgespräch mit Gerald Podobnik. *Zeitschrift für das gesamte Kreditwesen, 12*, 596–599.

o.A. (2015b). Genossen fürchten lang anhaltenden Ergebnisdruck. *Börsen-Zeitung, 71*, S. 2.

Osterwalder, A., Pigneur, Y. (2010). *Business Model Generation: A handbook for Visionaries, Game Changers, and Challengers*. Hoboken, NJ: Wiley.

Osterwalder, A., Pigneur, Y., Tucci, C. L. (2005). Clarifying Business Models: Origins, Present, and Future of the Concept. *Communications of the AIS, 15*, 1–43.

Patton, M. Q. (1990). *Qualitative evaluation and research methods* (2. Aufl.). Newbury Park: Sage.

Peemöller, V. H. (2005). Genossenschaften als "historische" und moderne Form der Kooperation. In J. Zentes (Hrsg.), *Kooperationen, Allianzen und Netzwerke. Grundlagen – Ansätze – Perspektiven* (2. Aufl., S. 406–424). Wiesbaden: GWV.

Pepels, W. (2007). *Market Intelligence – Moderne Marktforschung für Praktiker – Auswahlverfahren, Datenerhebung, Datenauswertung, Praxisanwendungen, Marktprognose*. Erlangen: Publicis.

Pilgram, T., Sievi, C., & Uphoff, V. (2015). Einheitliche Vorgaben: schädlich statt nützlich. *Bank Information, 4*, 66–70.

Plakitkina, J. (2005). *Bankenstrukturen und Systemrisiken: Eine ökonomische Analyse Russlands im internationalen Vergleich* (Bd. 7.). Sternenfels: Verlag Wissenschaft & Praxis.

Pleister, C. (2007). Herausforderungen für die Genossenschaftsbanken in Europa. *Zeitschrift für das gesamte Kreditwesen, 11*, 20–22.

Raab-Steiner, E., Benesch, M. (2010). *Der Fragebogen – Von der Forschungsidee zur SPSS, PASW-Auswertung* (2. Aufl.). Wien: Facultas.

Raiffeisen, F. W. (1866). *Die Darlehenskassen-Vereine als Mittel zur Abhilfe der Noth der ländlichen Bevölkerung sowie auch der städtischen Handwerker und Arbeiter: praktische Anleitung zur Bildung solcher Vereine, gestützt auf sechszehnjährige Erfahrung, als Gründer derselben*. Neuwied: Strüder.

Reichel, R. (2011). Der Beitrag der Kreditgenossenschaften zur Finanzstabilität. *Zeitschrift für das gesamte Kreditwesen*, (18), 959–962.

Reichel, R. (2013). Die deutschen Kreditgenossenschaften – nur „kleiner als andere Banken" oder „andere Banken"? *Netzwerk für Gesellschaftsethik e.V., 4*, 1–5.

Reifschneider, A (2014). Eigenkapitalmanagement in Kreditgenossenschaften unter besonderer Berücksichtigung der möglichen Auswirkungen von Basel III. *Zeitschrift für das gesamte Genossenschaftswesen, 3*, 165–183.

Ringle, G. (2007). *Genossenschaftliche Prinzipien im Spannungsfeld zwischen Tradition und Modernität. Wismarer Diskussionspapiere, 1.*

Rudolph, B., Zech, S. (2015). Einsatzmöglichkeiten und Verlustabsorptionsfähigkeit von CoCos. *Zeitschrift für das gesamte Kreditwesen, 12*, 584–589.

Sabatier, V., Mangematin, V., Rousselle, T. (2010). From Recipe to Dinner: Business Model Portfolios in the European Biopharmaceutical Industry. *Long Range Planning, 43*(2–3), 431–447.

Sánchez, P., Ricart, J. E. (2010). Business Model Innovation and Sources of Value Creation in Low-Income Markets. *European Management Review, 7*(3), 138–154.

Santos, J., Spector, B., van der Heyden, L. (2009). Toward a Theory of Business Model Innovation Within Incumbent Firms. *Working Paper Nr.* 2009/16/ST/TOM, INSEAD.

Sarialtin, M. (2015). *Eine Analyse zu den Auswirkungen von Basel III und Solvency II*. Wiesbaden: Springer Gabler.

Schackmann-Fallis, K. (2015). Die Rolle des DSGV bei der Gesamtbanksteuerung der Sparkassen. *Zeitschrift für das gesamte Kreditwesen, 13*, 650–652.

Schätzle, D. (2014). Die Auswirkungen von Basel III auf Genossenschaftsbanken. Eine Betrachtung der Kernkapitalquoten und Liquiditätskennziffern sowie eine empirische Analyse auf Basis von Bilanzsimulationen. In T. Theurl (Hrsg.), *Münstersche Schriften zur Kooperation*, Band 110. Aachen: Shaker.

Schierenbeck, H., Lister, M., Kirmße, S. (2014). *Ertragsorientiertes Bankmanagement* (9. Aufl.). Wiesbaden: Springer Gabler.

Schinzing, P. (2004). Erfolgsfaktoren für Wertsteigerungsmaßnahmen im Geschäftsmodell einer Regionalbank. In M. Fischer (Hrsg.), *Wertmanagement in Banken und Versicherungen* (S. 495–507). Wiesbaden: Gabler.

Schmale, I. (2012). Genossenschaften und soziale Marktwirtschaft in einer pluralistischen Gesellschaft. Wege zu einer gerechten und leistungsfähigen Entwicklung. In G. Ringle; H. Münkner (Hrsg.), *Genossenschaftliche Kooperation – anders wirtschaften!* (Bd. 111, S.19–35). Marburger Schriften zum Genossenschaftswesen, Baden-Baden: Nomos.

Schmaltz, C., Pokutta, S., Heidorn, T., & Andrae, S. (2013). How to make regulators and shareholders happy under Basel III. *Journal of Banking and Finance*, *46*, 311–325.

Schneider, J., Holm, H-J., Weiland, C. (2015). Liquiditätsrisikokosten: Mögliche Konzepte zur Verrechnung von Kosten der Liquiditätsbevorratung. *Zeitschrift für das gesamte Kreditwesen*, *10*, 496–501.

Schneider, S., Spieth, P. (2013). Business Model Innovation: Towards an Integrated Future Research Agenda. *International Journal of Innovation Management*, *17*(1), 1340001-1–1340001-34.

Schnell, R., Hill, P.B., Esser, E. (2008). *Methoden der empirischen Sozialforschung* (8. Aufl.). München: Oldenbourg.

Schweikle, R. (2009). *Innovationsstrategien japanischer und deutscher Unternehmen: Eine vergleichende Analyse*. Wiesbaden: Gabler.

Seddon, P. B., Lewis, G., Freeman, P., Shanks, G. (2004). Business Models and Their Relationship to Strategy. In W. Currie (Hrsg.), *Value Creation From E-Business Models* (S.11–34). Oxford: Elsevier Butterworth Heinemann.

Shafer, S. M., Smith, H. J., Linder, J. C. (2005). The Power of Business Models. *Business Horizons*, *48*(3), 199–207.

Smith, W. K., Binns, A., Tushman, M. L. (2010). Complex Business Models: Managing Strategic Paradoxes Simultaneously. *Long Range Planning*, *43*(2–3), 448–461.

Sorescu, A., Frambach, R. T., Singh, J., Rangaswamy, A., Bridges, C. (2011). Innovations in Retail Business Models. *Journal of Retailing*, *87*(1), 3–16.

Sprittulla, J. (2015). Leverage Ratio im Pricing von Krediten. *Risiko Manager*, *14*.

Stähler, P. (2002). *Geschäftsmodelle in der digitalen Ökonomie: Merkmale, Strategien und Auswirkungen* (2. Aufl.). Lohmar: Josef Eul.

Stappel, M. (2013). *Die deutschen Genossenschaften 2013. Entwicklungen – Meinungen – Zahlen*. Wiesbaden: DG Verlag.

Steinwachs, P. (2012). Abbildung und Messung von Zinsänderungsrisiken. In S. Reuse (Hrsg.), *Zinsrisikomanagement* (2. Aufl., S. 90–140). Heidelberg: Finanz Colloquium Heidelberg.

Stenner, F. (2004). Der Einsatz von Kennzahlen zur Unternehmenssteuerung. In M. Fischer (Hrsg.), *Wertmanagement in Banken und Versicherungen* (S. 281–301). Wiesbaden: Gabler.

Stoltz, S., Wedow, M. (2011). Banks' regulatory capital buffer and the business cycle: Evidence for Germany. *Journal of Financial Stability*, *7(2)*, 98–110.

Sudman, S., Blair, E., Wansink, B. (2004). *Asking Questions: The Definitive Guide to Questionnaire Design – For Market Research, Political Polls, and Social and Health Questionnaires*. San Francisco: Wiley.

Surowiecki, J. (2005). *The Wisdom Of Crowds*. New York, USA: Anchor Books, Random.

Teece, D. J. (2010). Business Models, Business Strategy and Innovation. *Long Range Planning*, *43*(2–3), 172–194.

Tikkanen, H., Lamberg, J.-A., Parvinen, P., Kallunki, J.-P. (2005). Managerial Cognition, Action and the Business Model of the Firm. *Management Decision, 43*(6), 789–809.

Vagias, W. M. (2006*). Likert-type scale response anchors*. Clemson International Institute for Tourism & Research Development, Department of Parks, Recreation and Tourism Management, Clemson University.

von Stein, H. J. (1998). Das Bankensystem in Deutschland. In K.-H. Naßmacher, H. von Stein, H.-E. Büschgen (Hrsg.), *Banken in Deutschland: Wirtschaftspolitische Grundinformationen* (Bd. 1). Opladen: Leske + Budrich.

Weigel, W., Sierleja, L. (2015). Besonderheiten bei der Rechnungslegung von Kreditinstituten und deren Auswirkungen auf die Bilanzanalyse und die Analyse von Kennzahlen. In O. Everling; K.H. Goedeckemeyer (Hrsg.), *Bankenrating* (2. Aufl., S. 205–248). Wiesbaden: Springer Gabler.

Weigelt, M., Bakenecker P. (2004). Management von Wertsteigerungspotenzialen über Key Performance Indicators. In M. Fischer (Hrsg.), *Wertmanagement in Banken und Versicherungen* (S. 303–315). Wiesbaden: Gabler.

Wirtz, B. W. (2011). *Business Model Management: Design – Instrumente – Erfolgsfaktoren von Geschäftsmodellen* (2. Aufl.). Wiesbaden: Gabler.

Wirtz, B. W., Schilke, O., Ullrich, S. (2010). Strategic Development of Business Models. *Long Range Planning, 43*(2–3), 272–290.

Zollnowski, R., Böhmann, T. (2013). Customer integration in service business models. *46th Haiwaii International Conference on System Science*, 1103–1112.

Zott, C., Amit, R. (2010). Business Model Design: An Activity System Perspective. *Long Range Planning, 43*(2–3), 216–226.

Zott, C., Amit, R. (2008). The Fit Between Product Market Strategy and Business Model: Implications for Firm Performance. *Strategic Management Journal, 29*(1), 1–26.

Zott, C., Amit, R., Massa, L. (2011). The Business Model: Recent Developments and Future Research. *Journal of Management, 37*(4), 1019–1042.

Internet-Quellen

Admati, A., DeMarzo, P., Hellwig, M., Pfleiderer, P. (2013). *Fallacies, Irrelevant Facts, and Myths in the Discussion of Capital Regulation: Why Bank Equity is Not Socially Expensive*. unter https://www.gsb.stanford.edu/sites/default/files/research/documents/Fallacies%20Nov%201.pdf, abgerufen am 20.08.2015.

Bain & Company. (2014). *Deutschlands Banken 2014: Jäger des verlorenen Schatzes*. unter http://www.bain.de/Images/141021_Bain-Studie_Deutschlands%20Banken%202014_Final.pdf, abgerufen am 15.08.2015.

Bank of England. (2014). *Financial Stability Report Nr. 36*. unter http://www.bankofengland.co.uk/publications/Documents/fsr/2014/fsrfull1412.pdf, abgerufen am 20.08.2015.

Basel Committee on Banking Supervision. (2004). *Principles for the Management and Supervision of Interest Rate Risk*. unter http://www.bis.org/publ/bcbs108.pdf, abgerufen am 20.08.2015.

Basler Ausschuss für Bankenaufsicht. (2006). *Internationale Konvergenz der Eigenkapitalmessung und Eigenkapitalanforderungen. Überarbeitete Rahmenvereinbarung*. unter http://www.bis.org/publ/bcbs128ger.pdf, abgerufen am 06.10.2015.

Basler Ausschuss für Bankenaufsicht. (2010). *An assessment of the long-term economic impact of stronger capital and liquidity requirements*. unter http://www.bis.org/publ/othp12.pdf, abgerufen am 15.08.2015.

Basler Ausschuss für Bankenaufsicht. (2013). *Basel III: Mindestliquiditätsquote und Instrumente zur Überwachung des Liquiditätsrisikos*. unter http://www.bis.org/publ/bcbs238_de.pdf, abgerufen am 05.09.2015.

Basler Ausschuss für Bankenaufsicht. (2014). *Konsultationspapier – Basel III: Strukturelle Liquiditätsquote*. unter http://www.bis.org/publ/bcbs271_de.pdf, abgerufen am 28.08.2015.

Berg, T., Uzik, M. (2011). *Auswirkungsstudie Basel III; Studie im Auftrag des Bundesverband mittelständische Wirtschaft*. unter http://www.bvmw.de/fileadmin/download/Bund/basel_III_studie.pdf, abgerufen am 13.08.2015.

Böhnke, W. (2012). Zeitgemäß, bewährt, erfolgreich: das genossenschaftliche Geschäftsmodell. *Zeitschrift für das gesamte Kreditwesen*, *65*(9), 421–422. unter http://www.wiso net.de/genios1.pdf?START=0A1&ANR=7642&DBN=ZFGK&ZNR=1&ZHW=-4&WID=61072-7510604-20820_8, abgerufen am 18.08.2015.

Bonner, C. (2012). *Liquidity Regulation, Funding Costs and Corporate Lending*. DNB Working Paper Nr. 361. unter http://www.dnb.nl/binaries/Working%20Paper%20361_tcm46-283047.pdf, abgerufen am 20.07.2015.

Boston Consulting Group (BCG). (2011). *Risk Report 2011 – Facing New Realities in Global Banking*. unter http://www.bcg.at/expertise_impact/Industries/Banken_Finanzen/PublicationDetails.aspx?id=tcm:101-93675, abgerufen am 05.07.2015.

Bridges, J., Gregory, D., Nielsen, M., Pezzini, S., Radia, A., Spaltro, M. (2014). *The impact of capital requirements on bank lending*. Bank of England Working Paper Nr. 486. unter http://www.bankofengland.co.uk/research/Documents/workingpapers/2014/wp486.pdf, abgerufen am 05.08.2015.

Bundesanstalt für Finanzdienstleistungsaufsicht (BaFin). (2011). *Rundschreiben 11/2011 (BA)*. unter https://www.bafin.de/SharedDocs/Veroeffentlichungen/DE/Rundschreiben /rs_1111_ba_zinsaenderungsrisiken_anlagebuch.html, abgerufen am 25.08.2015.

Bundesanstalt für Finanzdienstleistungsaufsicht (BaFin). (2014a). *Bankenaufsicht*. unter http://www.bafin.de/DE/DieBaFin/AufgabenGeschichte/Bankenaufsicht/bankenaufsicht_node.html, abgerufen am 18. August 2015.

Bundesanstalt für Finanzdienstleistungsaufsicht (BaFin). (2014b). *Neujahresempfang der BaFin 2014 – Rede von Dr. Elke König am 16.01.2014 in Frankfurt am Main*. unter http://www.bafin.de/SharedDocs/Reden/DE/re_140116_neujahrspresseempfang_p.html, abgerufen am 06.10.2014.

Bundesministerium der Finanzen (BMF), Bundesministerium der Justiz und für Verbraucherschutz (BMJV). (2014). *Maßnahmenpaket zur Verbesserung des Schutzes von Kleinanlegern*. unter http://www.bundesfinanzministerium.de/Content/DE/Downloads/Finanzmarktpolitik/Ma%C3%9Fnahmenpaket-Kleinanleger.pdf?__blob=publicationFile&v=1, abgerufen am 20.08.2015.

Bundesministerium für Wirtschaft und Energie (BMWi). (2014). *German Mittelstand. Motor der deutschen Wirtschaft. Zahlen und Fakten zu deutschen mittelständischen Unternehmen*. unter https://www.bmwi.de/BMWi/Redaktion/PDF/Publikationen/factbook-german mittelstand,property=pdf,bereich=bmwi2012,sprache=de,rwb=true.pdf, abgerufen am 18. 08.2015.

Bundesverband der Deutschen Volksbanken und Raiffeisenbanken (BVR). (2010). *Stark und zuverlässig: Jahresbericht 2009 des Bundesverbandes der Deutschen Volksbanken und Raiffeisenbanken*. unter http://www.bvr.de/p.nsf/7C5EDE464C54CB2FC125789C002DE0BC/$FILE/BVR_JB_2009_web_einzeln.pdf, abgerufen am 15.07.2015

Bundesverband der Deutschen Volksbanken und Raiffeisenbanken (BVR). (2015). *Genossenschaftliche FinanzGruppe Volksbanken Raiffeisenbanken*. unter https://www.vr.de/privatkunden/was-wir-anders-machen/genossenschaftliche-finanzgruppe.html, abgerufen am 15.07.2015.

Busch, R., Memmel, C. (2015). *Banks' Net Interest Margin and the Level of Interest Rates*. Deutsche Bundesbank discussion paper Nr. 16. unter https://www.bundesbank.de/Redaktion/EN/Downloads/Publications/Discussion_Paper_1/2015/2015_07_14_dkp_16.pdf?__blob=publicationFile, abgerufen am 01.08.2015.

Busch, R., Memmel, C. (2014). *Quantifying the components of the banks' net interest margin*. Deutsche Bundesbank discussion paper Nr.15. unter https://www.bundesbank.de/Redaktion/EN/Downloads/Publications/Discussion_Paper_1/2014/2014_07_28_dkp_15.pdf?__blob=publicationFile, abgerufen am 01.08.2015.

Committee of European Banking Supervisors. (2010). *Results of the comprehensive quantitative impact study*. unter http://www.bis.org/publ/bcbs186.pdf, abgerufen am 20.08.2015.

De Nicolò, G., Gamba, A., Lucchetta, M. (2012). *Capital Regulation, Liquidity Requirements and Taxation in a Dynamic Model of Banking*. IMF Working Paper Nr. 72. unter. https://www.imf.org/external/pubs/ft/wp/2012/wp1272.pdf, abgerufen am 05.08.2015.

Deutsche Bank. (2015). *Stammaktie – Übersicht 2015 – 2006*. unter https://www.deutsche-bank.de/ir/de/content/deutsche_bank_aktie.htm, abgerufen am 13.08.2015.

Deutsche Bundesbank. (2015). *Ergebnisse des Basel III Monitoring für deutsche Institute*. unter https://www.bundesbank.de/Redaktion/DE/Downloads/Aufgaben/Bankenaufsicht/Basel/2014_06_basel3_monitoring_deutsche_institute.pdf ?__blob=publicationFile, abgerufen am 05.08.2015.

Deutsche Bundesbank. (2014). *Finanzstabilitätsbericht 2014*. unter https://www.bundesbank.de/Redaktion/DE/Downloads/Veroeffentlichungen/Finanzstabilitaetsberichte/2014_finanzstabilitaetsbericht.pdf?__blob=publicationFile, abgerufen am 05.08.2015.

Deutsche Bundesbank. (2006). *Bestimmungsgründe der Zinsstruktur - Ansätze zur Kombination arbitragefreier Modelle und monetärer Makroökonomik*. Monatsbericht April 2006. unter https://www.bundesbank.de/Redaktion/DE/Downloads /Veroeffentlichungen/Monatsberichtsaufsaetze/2006/2006_04_zinsstruktur.pdf?__ blob=publicationFile, abgerufen am 20.08.2015.

Deutsche Bundesbank. (2013). *Bankinterne Methoden zur Ermittlung und Sicherstellung der Risikotragfähigkeit und ihre bankaufsichtliche Bedeutung*. Monatsbericht März 2013. unter https://www.bundesbank.de/Redaktion/DE/Downloads/Veroeffentlichungen/Monatsberichtsaufsaetze/2013/2013_03_risiktragfaehigkeit.pdf?__blob=publicationFile, abgerufen am 20.08.2015.

Deutsche Bundesbank. (2012). *Die Rolle des „Baseler Zinsschocks" bei der bankaufsichtlichen Beurteilung von Zinsänderungsrisiken im Anlagebuch*. Monatsbericht Juni 2012. unter https://www.bundesbank.de/Redaktion/DE/Downloads/Veroeffentlichungen/Monatsberichtsaufsaetze/2012/2012_06_zinsschock.pdf?__blob=publicationFile, abgerufen am 20.08.2015.

Deutscher Genossenschafts- und Raiffeisenverband (DGRV). (2015). *Die Genossenschaften - Genossenschaftsbanken. Genossenschaftliche FinanzGruppe Volksbanken Raiffeisenbanken*. unter http://www.genossenschaf-ten.de/genossenschaftsbanken, abgerufen am 31.08.2015.

Deutscher Sparkassen- und Giroverband (DSGV). (2015). *Marktanteile an den Kundenspareinlagen in Deutschland im Jahr 2014 nach Bankengruppen*. In Statista – Das Statistik-Portal. unter http://de.statista.com/statistik/daten/studie/199041/umfrage/anteil-an-privaten-spareinlagen-in-deutschland-nach-bankengruppen/, abgerufen am 24.08.2015.

Elliott, D. J. (2010). *Quantifying the Effects on Lending of Increased Capital Requirements*. unter http://www.brookings.edu/~/media/research/files/papers/2009/9/24-capital-elliott/0924_capital_elliott.pdf, abgerufen am 10.08.2015.

European Banking Authority. (2015). *Final report on guidelines on the management of interest rate risk arising from non-trading activities*. unter https://www.eba.europa.eu/

documents/10180/1084098/EBA-GL-2015-08+GL+on+the+management+of+interest+rate+risk+.pdf, abgerufen am 15.08.2015.

European Banking Authority. (2014). *Results of 2014 EU- wide stress test.* unter https://www.eba.europa.eu/documents/10180/669262/2014+EU-wide+ST-aggregate+results.pdf, abgerufen am 15.08.2015.

Europäische Kommission. (2011). *Vorschlag für eine Verordnung des europäischen Parlaments und des Rates über Aufsichtsanforderungen an Kreditinstitute und Wertpapierfirmen.* unter https://www.ecb.europa.eu/ecb/legal/pdf/st13284.de11.pdf, abgerufen am 06.10.2015.

Fischer, M., Heil, D. (2015b). *Zinsänderungsrisiken aus dem Anlagebuch und Eigenkapitalunterlegung für Banken.* unter https://www.gv-bayern.de/fileadmin/public/vuk/zaer-fischer.pdf, abgerufen am 24.09.2015.

Genossenschaftsverband Bayern (GVB). (2015). *Zahlen und Fakten 2015.* unter https://www.gv-bayern.de/fileadmin/public/vuk/bpk2015/vr-banken-bayern-2015-poster.pdf, abgerufen am 15.07.2015.

Götzl, S. (2014). *Pressetermin im Bayerischen Staatsministerium der Finanzen, für Landesentwicklung und Heimat.* München. unter https://www.gv-bayern.de/fileadmin/public/vuk/PK-Soeder-Goetzl-Netzer-4-6-2014.pdf, abgerufen am 17.08.2015.

Grabenbauer, M., Fischer, M. (2014). *Korrelation von Bankkennzahlen und Aktienrendite*, April 2014, Financial Research Note 01, S. 1-15, Deutsche National Bibliothek, Internet ISSN 2364-943. unter: http://d-nb.info/107416766X/34, abgerufen am 05.08.2015.

Hackethal, A., Inderst, R. (2015). *Auswirkungen der Regulatorik auf kleinere und mittlere Banken am Beispiel der deutschen Genossenschaftsbanken.* Gutachten im Auftrag des Bundesverbandes der Deutschen Volksbanken und Raiffeisenbanken –BVR. unter http://www.bvr.de/p.nsf/0/EA57402CCD1BAC9FC1257ECF00349466/$file/GUTACHTEN-BVR2015.pdf, abgerufen am 05.10.2015.

International Co-operative Alliance (ICA). (2011). *Co-operative identity, values & principles.* unter http://ica.coop/en/whats-co-op/co-operative-identity-values-principles, abgerufen am 17.08.2015.

Kashyap, A. K., Stein, J. C., Hanson, S. (2010). *An analysis of the impact of "substantially heightened" capital requirements on large financial institutions.* unter http://www.people.hbs.edu/shanson/Clearinghouse-paper-final_20100521.pdf, abgerufen am 05.08.2015.

King, M. R. (2010). *Mapping capital and liquidity requirements to bank lending spreads.* BIS Working Paper Nr. 324. unter http://www.bis.org/publ/work324.pdf, abgerufen am 10.08.2015.

Macroeconomic Assessment Group. (2010). *Assessing the macroeconomic impact of the transition to stronger capital and liquidity requirements.* unter http://www.bis.org/publ/othp12.pdf, abgerufen am 10.08.2015.

Marchesi, M., Giudici, M. P., Cariboni, J., Zedda, S., Campolongo, F. (2012). *Macroeconomic cost-benefit analysis of Basel III minimum capital requirements and of introducing Deposit Guarantee Schemes and Resolution Funds. JRC Scientific and Policy Reports.* unter https://ec.europa.eu/jrc/sites/default/files/lbna24603enc.pdf, abgerufen am 05.08.2015.

McKinsey & Company. (2010). *Basel III and European banking: Its impact, how banks might respond, and the challenges of implementation.* Mc Kinsey Working Paper on Risk Nr. 26. unter https://www.mckinsey.com/~/media/mckinsey/dotcom/client_service/Risk/Working%20papers/26_Basel_III_and_European_banking.ashx, abgerufen am 05.08.2015.

Memmel, C. (2010). *Banks' exposure to interest rate risk, their earnings from term transformation and the dynamics of the term structure, structure.* Deutsche Bundesbank discussion paper Nr. 7. unter https://www.bundesbank.de/Redaktion/EN/Downloads/Publications/Discussion_Paper_2/2010/2010_09_20_dkp_07.pdf?__blob=publicationFile, abgerufen am 10.08.2015.

Miles, D., Yang, J., Marcheggiano, G. (2011). *Optimal bank capital*. Bank of England Discussion Paper Nr. 31. unter http://www.econstor.eu/obitstream/10419/50643/1/656641770.pdf, abgerufen am 11.08.2015.

Noack, T., Cremers, H., Mala, J. (2014). *Neue regulatorische Konzepte der Bankenaufsicht und ihre Auswirkungen auf die Gesamtbanksteuerung*. Frankfurt School Working Paper Nr. 212. unter http://www.frankfurt-school.de/clicnetclm/fileDownload.do?goid=000000617866AB4, abgerufen am 17.08.2015.

o.A. (2013). *Deutschlands Zukunft gestalten*. Koalitionsvertrag zwischen CDU, CSU und SPD, 18. Legislaturperiode. unter http://www.bundesregierung.de/Content/DE/_Anlagen/2013/2013-12-17-koalitionsvertrag.pdf?__blob=publicationFile, abgerufen am 05.08.2015.

Österreichische Nationalbank. (2008). *Leitfaden zum Management des Zinsrisikos im Bankbuch*. unter https://www.oenb.at/Publikationen/Finanzmarkt/Bankenaufsichtliche-Publikationen.html, abgerufen am 06.10.2015.

Pollmann, J. (2011). *Das Eigenkapital der Genossenschaftsbank – die bilanz- und aufsichtsrechtliche Kapitalklassifikation als Rahmenbedingung für ein effizientes Eigenkapitalmanagement*. Arbeitspapiere des Instituts für Genossenschaftswesen der Westfälischen Wilhelms-Universität Münster Nr. 114. unter: http://www.ifg-muenster.de/forschen/veroeffentlichungen/2011/material/arbeitspapier114.pdf, abgerufen am 05.08.2015.

Reifner, U., Neuberger, D., Rissi, R., Clerc-Renaud, S. (2011). *CRD IV – Impact Assessment of the Different Measures within the Capital Requirements Directive IV*. Directorate General For Internal Policies Study. unter http://bookshop.europa.eu/de/crd-iv-impact-assessment-of-the-different-measures-within-the-capital-requirements-directive-iv-pbBA3013572/, abgerufen am 15.08.2015.

Schätzle, D. (o.J.). *Impacts of Basel III capital regulation to German cooperative banks - An empirical analysis based on a balance sheet simulation*. unter http://www.globalcube.net/clients/eacb/content/medias/publications/research/Young_Researchers_Award/2nd_Young_researchers_award/Schaetzle_Dominik_Impacts_of_Basel_III_capital_regulation_to_German_co-operative_banks.pdf, abgerufen am 25.07.2015.

Slovik, P., Cournède, B. (2011). *Macroeconomic Impact of Basel III. OECD* Economics Department Working Paper Nr. 844. unter http://www.oecd-ilibrary.org/economics/macroeconomic-impact-of-basel-iii_5kghwnhkkjs8-en, abgerufen am 07.08.2015.

Stappel, M. (2014). *Geht die Zeit der Universalbanken zu Ende?*. Konjunktur und Kapitalmarkt – Eine Research Publikation der DZ Bank AG. unter https://www.dzbank.de/content/dzbank_de/de/home/suche/suchergebnisse.html?q=zeit+der+universalbanken&_charset_=UTF-8, abgerufen am 05.08.2015.

U.S. Department of the Treasury. (2015). *Daily Treasury Yield Curve Rates*. unter: http://www.treasury.gov/resource-center/data-chart-center/interest-rates/Pages/TextView.aspx?data=yieldYear&year=2007, abgerufen am 21.09.2015.

Yahoo! Finance. (2015a). *Treasury Yield 5 Years (^FVX)*. unter http://finance.yahoo.com/q?s=^FVX&ql=1, abgerufen am 20.09.2015.

Yahoo! Finance. (2015b). *13 Week Treasury Bill (^IRX)*. unter http://finance.yahoo.com/q?s=^IRX&ql=1, abgerufen am 20.09.2015.

Yahoo! Finance. (2015c). *Treasury Yield 30 Years (^TYX)*. unter http://finance.yahoo.com/q?s=^TYX&ql=1, abgerufen am 20.09.2015.

Yahoo! Finance. (2015d). *CBOE Interest Rate 10 Year T Note (^TNX)*. unter http://finance.yahoo.com/q?s=^TNX&ql=1, abgerufen am 20.09.2015.

WGZ Bank, BVR, DZ Bank. (2013). *Mittelstand im Mittelpunkt*. Ausgabe Herbst 2013. unter https://www.dzbank.de/content/dam/dzbank_de/de/home/produkte_services/Firmenkunden/PDF-Dokumente/publikationen/Mittelstand_im_Mittelpunkt_Herbst_2013.pdf, abgerufen am 06.10.2014.

www.ingramcontent.com/pod-product-compliance
Lightning Source LLC
Chambersburg PA
CBHW061819210326
41599CB00034B/7048
9783110612608